新世纪高职高专实用规划教材 经管系列

国际贸易实务

李佩玲 主 编

郭 佳 吴秀芳 副主编

清华大学出版社

北 京

内 容 简 介

"国际贸易实务"课程是一门主要研究国际货物交换具体过程的核心课程,它具有较强的涉外活动性,因此国际经贸类专业都把本课程视为专业必修课程。

在编写本书时,注意到 2017 年 10 月 1 日人民币加入 SDR 成为可自由使用的国际货币后,对贸易的促进发展作用和贸易中计价货币的币种选择问题,以及 2018 年 4 月 20 日后关检的合并所带来的业务的变更,并及时反映在教材中,力争做到内容新颖,与时俱进,避免内容陈旧。

本书以国际货物买卖合同为中心,以职场新人夏利主办的一笔真实的出口业务经历为主线,分十章介绍了出口交易前的准备工作、磋商、订立合同、履行合同以及出口后的后续工作和善后工作等的贸易流程。

本书每一节都由"情境案例"导入,中间穿插"知识链接"和"想一想"等互动环节,每章的末尾都有分组完成的"实训项目"和章节"练习题"。

本书积极引入项目教学法,以情境导入教学,突出职业能力的培养,语言简明、通俗,内容深度适当,可作为高职高专国际贸易专业及经济、管理类相关专业的教材,也可供外经贸系统的从业人员参考。

图书在版编目(CIP)数据

国际贸易实务/李佩玲主编. —北京:清华大学出版社,2020(2021.9重印)
新世纪高职高专实用规划教材. 经管系列
ISBN 978-7-302-54115-8

Ⅰ. ①国… Ⅱ. ①李… Ⅲ. ①国际贸易—贸易实务—高等职业教育—教材 Ⅳ. ①F740.4

中国版本图书馆 CIP 数据核字(2019)第 242621 号

责任编辑:梁媛媛
装帧设计:刘孝琼
责任校对:李玉茹
责任印制:朱雨萌

出版发行:清华大学出版社
  网　　　址:http://www.tup.com.cn, http://www.wqbook.com
  地　　　址:北京清华大学学研大厦 A 座　　　邮　　编:100084
  社 总 机:010-62770175　　　邮　　购:010-62786544
  投稿与读者服务:010-62776969, c-service@tup.tsinghua.edu.cn
  质量反馈:010-62772015, zhiliang@tup.tsinghua.edu.cn
  课件下载:http://www.tup.com.cn, 010-62791865
印 刷 者:北京富博印刷有限公司
装 订 者:北京市密云县京文制本装订厂
经　　销:全国新华书店
开　　本:185mm×260mm　　印　张:13.25　　字　数:316 千字
版　　次:2020 年 1 月第 1 版　　印　次:2021 年 9 月第 2 次印刷
定　　价:39.00 元

产品编号:079349-01

前　言

据中国海关统计，2018 年前三季度，我国货物贸易进出口总值为 22.28 万亿元人民币，比 2017 年同期增长 9.9%。从总量上来看，我国货物贸易总额仍然占全球第一，但从增速来看，与美国和日本相比，仍有差距。

随着我国改革开放的深入，国际贸易的发展进入深水区，行业与时俱进、快速变化，外贸企业的用人需求也发生了较大变化，他们迫切需要一大批掌握过硬的进出口核心技能和知识的大学毕业生从事贸易工作。为此，我们邀请了多位国际贸易领域的企业人士给予指导，联合职业学院中具有长期外贸实践经验和丰富教学经验的教师，根据职业教育的特点，采用"情境导入、任务驱动"的先进教学理念，结合最新的国际贸易政策和国际贸易发展的实际情况，编写了本书。

本书与采用传统写作方式的国际贸易实务教材相比具有以下特色。

1. 以贸易中的实际业务过程展开章节知识

本书以一名刚毕业的大学生夏利进入北京裕丰进出口有限公司后主办的一笔真实的出口业务的经历为主线贯穿整个教学过程。学生们可以跟着夏利一起学习，从而熟悉贸易的整个业务过程。章节内容是按照出口贸易的流程安排的，使得内容更系统、结构更合理、脉络更清晰。

2. 情境导入教学，突出职业能力

本书引入项目教学法，改变了以传授知识为主要特征的传统教学方式。情景导入中以职场新人夏利真实的业务经历及其在工作中遇到的问题为导向，引发学生思考，让学生带着问题去学习，从而掌握相关知识点，并运用自己所学的业务知识，通过小组讨论、角色扮演的形式进行实训项目练习，力争做到整章知识的学以致用、融会贯通。

3. 知识阐述方式灵活，强调教学互动效果

本书以启发式的情境导入教学方式来安排知识点，相关知识的介绍中穿插了"知识链接"和"想一想"等互动环节。这些互动环节，一方面有利于教师在授课时增强师生互动的教学效果，调动学生学习的积极性；另一方面有利于学生课外知识的拓展，满足不同层次学生的需求。

4. 与时俱进，内容新颖

在编写本书时，我们注意到 2017 年 10 月 1 日人民币加入 SDR 成为可自由使用的国际货币后，对贸易的促进发展作用和贸易中计价货币的币种选择问题，以及 2018 年 4 月 20 日

后关检的合并所带来的业务的变更，并及时反映在教材中，力争做到内容新颖，与时俱进，避免内容陈旧。

本书由李佩玲担任主编，郭佳、吴秀芳担任副主编。具体的编写分工为：李佩玲编写第一、二章，洪妍妍编写第三章，李佩玲和时小伟编写第四章，吴秀芳编写第五、六章，李佩玲和郭佳编写第七、八章，陈婷婷编写第九、十章。本书由李佩玲进行审核、修改并统稿。

由于编者水平有限，编写时间仓促，书中疏漏与不妥之处在所难免，敬请读者批评、指正。

编　者

目　　录

第一章 导 论

学习目标

- 掌握国际贸易实务的概念及特点。
- 了解国际贸易适用法律。
- 了解国际贸易方式。
- 了解进出口贸易业务的基本流程。

情境案例

夏利作为刚毕业的大学生，过五关斩六将，经过四轮面试终于成功地拿到了北京裕丰进出口贸易有限公司管培生的 offer(录用信)。入职的第一天，公司安排具有丰富外贸专业知识的老员工红姐作为夏利的帮带老师。

红姐首先向夏利介绍了公司的概况和组织架构：

北京裕丰进出口贸易有限公司是1985年10月经国家商务部和北京市政府批准成立的，以进出口贸易、招投标代理、项目管理与咨询服务等为主营业务的大型国有企业。20世纪80年代初期，公司的业务范围是经营服装、皮制品、玩具和食品类进出口贸易；后来业务范围逐步扩大，1987年开始承办国家及北京市地区技术引进和成套设备进出口贸易，外国政府贷款项目、赠款项目的对外采购；1992年开始承办世界银行、亚洲开发银行等国际金融组织贷款项目的国际招标和对外采购；2004年开始承办政府采购代理招标；2007年开始承办工程项目代理招标。公司的主要部门有业务部、单证储运部、财务部和行政后勤部。

接下来红姐带夏利参观了公司的各个职能部门，并向夏利介绍了公司进出口贸易的基本业务流程。她告诉夏利，"如果想在公司取得较好的成绩并获得长远的发展机会，必须学好英语和国际贸易的相关知识，了解国内外相应的法律法规"。

一天下来，夏利在红姐的热心帮助和耐心讲解下，对新入职的公司和自己将要从事的工作有了更进一步的认知和了解。

情境问答

亲爱的同学们，请根据自己的初步认知，思考并回答以下问题。

① 夏利所入职的公司主要从事什么业务？

答：_____

_____

_____

② 国际贸易和国内贸易有什么不同？

答：_____

_____

_____

③ 进出口贸易业务应当如何进行？

答：_____

_____

_____

 理论认知

一、国际贸易的概念

国际贸易(International Trade)，是指世界各个国家(或地区)在商品和劳务等方面进行的交换活动。它是各国(或地区)在国际分工的基础上相互联系的主要形式,反映了世界各国(或地区)在经济上的相互依赖关系,是由各国对外贸易的总和构成的。

国际贸易有狭义和广义两种定义：狭义的国际贸易仅指货物的进出口贸易；广义的国际贸易包括货物进出口贸易、技术进出口贸易和服务进出口贸易。

由于国际分工不同，世界上各个国家或地区之间必然会发生货物、技术、服务的流动，从而产生国际贸易。随着科学技术的不断发展，技术贸易、服务贸易在国际贸易中的比重不断加大。但是，目前国际上，货物贸易仍是国际贸易的大头。我国的国际贸易情况也是如此。因此，本书讲述的国际贸易均为狭义的国际贸易，即实物贸易。

二、国际贸易的特点

国际贸易属于商品交换的范围，与国内贸易在性质上大体相当，但由于国际贸易是在不同国家(或地区)之间进行的，将会涉及多国的法律法规和国情、民风民俗，所以与国内贸易相比，它显得更为复杂。

(一)国际性

因为国际贸易是在两个国家(或地区)之间进行的，所以要考虑不同国家(或地区)在政策措施、法律体系方面可能存在的差异和冲突，以及语言文化、社会习俗等方面带来的差异，这些差异所产生的问题远比国内贸易复杂。

(二)风险性

国际贸易所成交的商品数量和涉及金额往往比较大，而跨国(或地区)的运输距离一般较国内贸易要远，履约时间较长，同时，国际贸易容易受到交易双方所在国家的政治、经济变动、双边关系及国际局势变化、商业信用等的影响，因此贸易双方承担的风险远比国内贸易要大。

(三)复杂性

国际贸易除了交易双方外，还涉及运输、保险、银行、商检、海关等部门的协作、配合，过程较国内贸易要复杂得多。

三、国际贸易适用法律

要使复杂的、高风险的国际贸易得以顺利开展，需要来自不同国家(或地区)的商人在进行贸易时，均遵守相关的国际法律法规和惯例。

(一)国内法

国内法是指由国家制定或认可，并在本国主权管辖范围内生效的法律。国际贸易要求买卖双方当事人必须遵纪守法。但由于买卖双方当事人所处的国家不同，会引发不同的国家法律对同一个问题有不同的司法解释的问题。为了解决这种法律冲突，以利于国际贸易的良性发展，国际上通行的做法是，在国内法中规定冲突规范的办法。

我国法律对涉外经济合同的冲突规范上也采用上述国际通用规则。

《中华人民共和国合同法》第一百二十六条规定："涉外合同的当事人可以选择处理合同争议所适用的法律，但法律另有规定的除外。涉外合同的当事人没有选择的，适用与合同有最密切联系的国家的法律。"

(二)国际条约

国际条约是指两个或两个以上的主权国家为确定彼此的政治、经济、贸易、文化、军事等方面的权利和义务而缔结的诸如公约、协定、议定书等各种协议的总称。

国际条约可以调解缔约成员国在国际贸易、海运、陆运、空运、商标、工业产权、知识产权、仲裁等方面的争议。

我国对外贸易有关的国际条约主要有：《联合国国际货物销售合同公约》(United Nations Convention on Contracts for the International Sales of Goods，CISG)、《统一提单的若干法律规则的国际公约》《联合国 1978 年海上货物运输公约》《国际铁路货物联运协定》《统一国际航空运输某些规则的公约》《联合运输单证统一规则》《约克安特卫普规则》《保护工业产权巴黎公约》《商标国际注册马德里协定》《联合国国际贸易法委员会仲裁规则》和《承认和执行外国仲裁裁决的公约》等。

《中华人民共和国民法通则》第一百四十二条规定："中华人民共和国缔结或者参加的国际条约同中华人民共和国的民事法律有不同规定的，适用国际条约的规定，但中华人民共和国声明保留的条款除外。"

因此，在法律适用的问题上，除国家在缔约或参加声明保留的条款外，国家缔约或参加的有关国际公约优先于国内法。

(三)国际贸易惯例

国际贸易惯例(International Trade Custom)，是指在国际贸易实践中逐渐自发形成的，某一地区、某一行业中普遍接受和经常遵守的任意性行为规范。

国际贸易惯例本身并不是法律。它对合同双方当事人没有普遍的约束力,只有贸易双方当事人在合同中明确约定加以采用时,才会对双方当事人起到法律的约束作用,所以贸易双方当事人有权在合同中达成不同于惯例规定的贸易条件。

国际贸易中为大家所熟悉并普遍采纳通用的国际贸易惯例主要有:《2010 年国际贸易术语解释通则》(INCOTERMS 2010)、《跟单信用证统一惯例》(UCP 600)和《托收统一规则》(URC 522)等。

四、国际贸易方式

国际贸易方式,是指国际间进行商品买卖所采用的具体形式和各种具体的交易做法。

在国际贸易实践中,最常见的贸易方式是逐笔销售,也就是单边出口或单边进口。这种贸易方式的缺点是,容易造成多头成交,不利于巩固市场、扩大销售、争取高价,甚至有的商品如果单纯采用一般的逐笔销售的方式,则不容易销售出去,形成滞销的情况,所以我们需要发展多种贸易方式。

(一)包销

包销(Exclusive Sales),是指出口人(委托人)通过协议把某一种商品或某一类商品在某一个地区和期限内的经营权给予国外某个客户或公司的贸易做法。尽管包销也是售定,但包销与通常的单边逐笔出口不同。它除了当事人双方签有买卖合同外,还须事先签订包销协议。采用包销方式,买卖双方的权利与义务是由包销协议所确定的。两者签订的买卖合同也必须符合包销协议的规定。

(二)代理

代理(Agency),是指代理人按照委托人的授权代委托人同第三者订立合同或作其他法律行为,由此而产生的权利与义务直接对委托人发生效力。代理人与委托人之间的关系属于委托买卖关系。代理人在代理业务中,只是代表委托人行为,如招揽客户、招揽订单、代表委托人签订买卖合同、处理委托人的货物、收受货款等,他本身并不作为合同的一方参与交易。代理人没有商品的所有权,只赚取佣金,不负责盈亏。

(三)寄售

寄售(Consignment),是一种委托代售的贸易方式,也是国际贸易中习惯采用的做法之一。在我国进出口业务中,寄售方式运用并不普遍,但在某些商品的交易中,为促进成交,扩大出口的需要,也可灵活适当运用寄售方式。寄售是一种有别于通常的代理销售的贸易方式。它是指由寄售人(委托人或货主)先将准备销售的货物运往国外寄售地,委托当地的代销人(受托人)按照寄售协议规定的条件,由代销人代替寄售人在当地市场上进行销售。货物售出后,再由代销人按协议规定的方式与寄售人结算货款的一种贸易方式。

(四)招标投标

招标(Invitation to Tender),是指招标人事先发出招标公告或招标单,提出在规定的时间、地点,准备买进的商品品种、数量和有关买卖条件,邀请投标人参加投标的行为。

投标(Submission of Tender),是指投标人应招标人的邀请,根据招标公告或招标单规定的条件,在规定的期限内向招标人递盘的行为。

实际上,招标、投标是国际贸易方式的两个方面。国际贸易采用的招标方式主要有两类:竞争性招标和谈判招标。它一般在国际工程承包和大宗商品的采购业务中用得最多。

(五)拍卖

拍卖(Auction)是指专门从事拍卖业务的拍卖行接受货主的委托,在规定的时间与场所,按照一定的章程和规则,将要拍卖的货物向买主展示,公开叫价竞购,最后由拍卖人把货物卖给出价最高的买主的一种现货交易方式。

通过拍卖进行交易的商品,大多是一些品质不易标准化的,或是难以久存的,或是习惯采用拍卖方式销售的商品,如茶叶、烟叶、兔毛、皮毛、木材等。某些商品的大部分交易是通过国际拍卖方式进行的,如水貂皮、澳洲羊毛。

(六)期货交易

期货交易(Futures Transaction)是众多的买主和卖主在商品交易所内按照一定的规则,用喊叫并借助于手势进行讨价还价,通过激烈竞争达成交易的一种贸易方式。

期货交易不同于商品交易中的现货交易。众所周知,在现货交易的情况下,买卖双方可以任何方式,在任何地点和时间达成实物交割。卖方必须交付实际货物,买方必须支付货款。而期货交易则是在一定时间、在特定期货市场上,即在商品交易所内,按照交易所预先制定的“标准期货合同”进行的期货买卖,成交后买卖双方并不移交商品的所有权。

(七)对销贸易

对销贸易(Counter Trade)又称“反向贸易”“互抵贸易”“对等贸易”,也有人把它笼统地称为“易货”或“大易货”。

我们一般可以把对销贸易理解为包括易货、记账贸易、互购、产品回购、转手贸易等属于货物买卖范畴,以进出结合、出口抵补进口为共同特征的各种贸易方式的总称。

(八)加工贸易

加工贸易(Processing Trade)是以加工为特征的贸易方式,它是指一国的企业利用自己的设备和生产能力,对来自国外的材料、零部件或元器件进行加工、制造或装配,然后将产品销往国外的一种贸易方式。它的特点是两头在外,也就是原料来自国外,产品销往国外。目前,我国常用的加工贸易主要有:来料加工、来料装配、来样加工和补偿贸易(三来一补)。

五、进出口贸易业务流程

进出口贸易业务流程就是外贸工作人员在进出口工作中所进行的一系列活动的有序组合,包括报价、订货、付款、包装、通关手续及备货装运等活动。

在实际工作中,有的业务环节需要按照流程图的先后顺序进行,有的业务环节则需要同步交叉进行。

一般来说,进出口贸易业务流程主要由三个阶段构成:交易前的准备阶段、合同的磋商阶段和合同的履行阶段。

(一)出口业务流程

出口业务流程如图 1.1 所示。

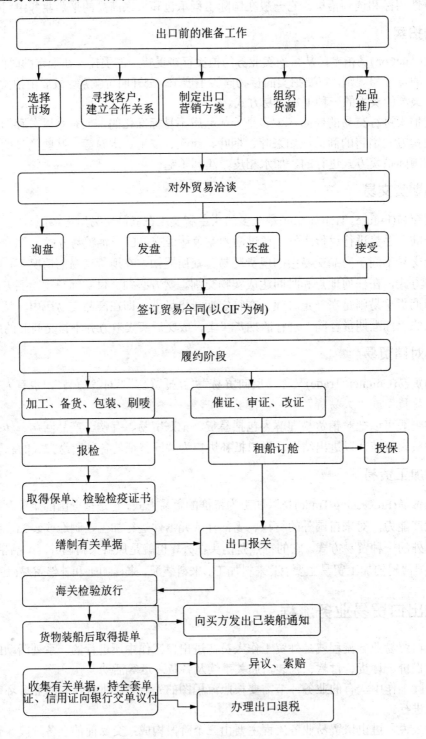

图 1.1 出口业务流程

(二)进口业务流程

进口业务流程如图 1.2 所示。

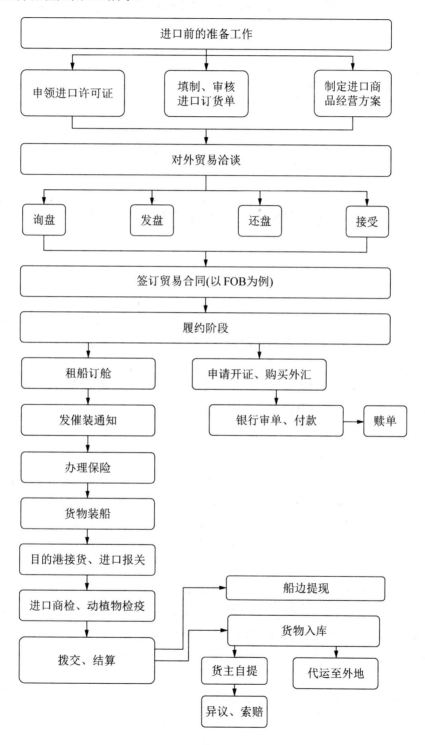

图 1.2 进口业务流程

第二章　贸易磋商和合同签订

学习目标

- 掌握寻找客户、建立和发展客户关系的技能。
- 掌握贸易磋商的形式和内容。
- 掌握国际贸易合同成立的有效条件。
- 了解国际贸易合同的含义、形式和内容。

第一节　寻找客户与建立业务关系

情境案例

夏利在北京裕丰进出口贸易有限公司工作快满4个月了，因为他工作认真、积极主动，对公司的业务和相关市场行情有了一定的了解和认识，工作也逐渐得心应手起来，所以红姐觉得现在是时候让这个年轻人尝试自己开发新客户了。

夏利得知这个消息后非常兴奋，他通过网上筛选查询，获知英国 Miracle 贸易公司急需一批男士衬衫，于是致函该公司，希望能和他们建立业务关系。

> Dear Sir/Madam,
>
> We know your name and address from the Internet and note with pleasure the items of your demand just fall within the scope of our business line. First of all, we avail ourselves of this opportunity to introduce our company in order to be acquainted with you.
>
> Our firm is a Chinese exporter of various garments. We highly hope to establish business relations with your esteemed company on the basis of mutual benefit in an earlier date. We are sending a catalogue and a price list under separate cover for your reference. We will submit our best price to you upon receipt of your concrete inquiry.
>
> We are looking forward to receiving your earlier reply.

Best wishes.

Yours faithfully,
Xia Li
Sales Department

Beijing Yufeng Import & Export Co.,Ltd.
Add: Room 950, No.7-8 Daxing Road, Beijing, China
Tel.:86-010-88123456   Fax: 86-010-88123456
http://www.beijingyufeng.com
E-mail: xiali@beijingyufeng.co.cn

 情境问答

亲爱的同学们，请根据自己的初步认知，思考并回答以下问题。

① 请试着翻译夏利的英文邮件。

答：_____

_____

② 夏利是通过什么方式来开拓新客户的？

答：_____

_____

③ 如果你是夏利，你还会考虑用什么方式来开拓新客户？跟客户建立业务关系的时候，应该注意什么问题？

答：_____

_____

_____

理论认知

一、寻找客户

(一)利用网络平台

在互联网高速发展的时代，通过网络寻找并开发新客户已经成为一种方便、快捷、有效的途径。

1. B2B 网站

B2B 是指进行电子商务交易的供需双方都是商家(或企业、公司),双方通过互联网技术或各种商务网络平台完成商务交易的过程。电子商务是现代 B2B 市场营销的一种主要的表现形式。在电子商务飞速发展的今天,商家可以通过 B2B 网站,注册并发布产品信息,以寻找新客户。全球知名 B2B 网站平台如表 2.1 所示。

表 2.1　全球知名 B2B 网站平台

地区	名称	网址
亚洲	阿里巴巴电子商务	http://www.alibaba.com
	中国制造	http://www.made-in-china.com
	中国供应商	http://www.china.cn
	慧聪商务网	http://www.hc360.com
美洲	贸易地带	http://www.tradezone.com
	世界竞标	http:///www.worldbid.com
	美国进口商	http://www.usimporters.us
	加拿大贸易网	http://www.bc-trade.net
欧洲	欧洲电子商务	http://www.eceurope.com
	欧洲商务	http://www.bizeurope.com
	欧洲贸易区	http://www.europetradearea.com
	俄罗斯贸易网	http://www.russiatrade.com
非洲	阿拉伯市	http://www.arabbuild.net
	非洲贸易网	http://www.africatrade.co.za
	埃及贸易网	http://www.egtrade.com
	非洲经贸信息网	http://www.mbendi.com.za

2. 搜索引擎

搜索引擎(Search Engine),是指根据一定的策略,运用特定的计算机程序从互联网上搜集信息,在对信息进行组织和处理后,为用户提供检索服务,将用户检索的相关信息展示给用户的系统。搜索引擎包括全文索引、目录索引、元搜索引擎、垂直搜索引擎、集合式搜索引擎、门户搜索引擎与免费链接列表等。

学会利用搜索引擎,不仅能充分利用网络资源寻找新客户,也可以帮助企业了解竞争对手。一般来说,最常用的搜索引擎是谷歌(http://www.google.com)和百度(http://www.baidu.com)。

3. 行业网站

行业网站(Industry Web)即所谓的行业门户,可以理解为"门+户+路"三者的集合体,即包含为更多行业企业设计服务的大门,丰富的资讯信息,以及强大的搜索引擎。

与大门户网站相比，行业垂直门户网站更专注于某一业务领域。行业垂直门户网站都是各行业的权威、专家，通过把网站资讯做得更专业、更权威、更精彩来吸引顾客。所以寻找新客户时，也可以先确定自己所要经营销售的产品归属于哪个行业，再查找该行业的行业网站，这样有的放矢，才会更容易获得有用的信息。

例如，查找时利用搜索引擎，在搜索框中输入"行业名称+industry"(或 net、online、portal)，一般都能搜到会员列表，信息量较大。而且在这些行业网站和行业协会网站上有很多相关联的链接，可以充分利用。

行业一般分为以下几种类别：汽车汽配、商务贸易、建筑建材、工业制品、机械电子、服装服饰、农林牧渔、交通物流、食品饮料、环保绿化、冶金矿产、纺织皮革、印刷出版、化工能源、原材料、消费品、商务服务。

4. 网络黄页

网络黄页(Yellow Page)其实是纸上黄页在互联网上的延伸和发展，它收录了国内外著名的贸易公司和商号的名称、电话、传真、公司地址、主要经营项目以及历史经营情况等。

在信息化大背景下，电子商务日渐普及，使得人们上网查阅企业信息已经相当便利，这构成了网络黄页强大的市场基础。因此企业既可以通过网络黄页寻找新客户，获知客户信息，也可通过加入面向全球市场的国家级黄页和世界级黄页目录以及在目标市场的黄页上做广告的方式让客户知道自己，了解自己，从而达到客户主动联系企业的目的。但这种目录登记带来的直接访问量是有限的，其主要作用在于增加自己网站的外部链接数量。

一般来说，加入网络黄页目录是免费的。一些国家和地区的黄页的名称与网址如表 2.2 所示。

表 2.2　一些国家和地区的黄页

名称	网址
中国黄页	http://www.chinapages.com
美国黄页	http://www.yellowpages.com
澳大利亚黄页	http://www.yellowpages.com.au
加拿大黄页	http://www.yellowpages.ca
英国黄页	http://www.yell.com
德国名录	http://www.branchenbuch.com
欧洲黄页	http://www.europages.com
日本黄页	http://www.yellowpages.co.jp
马来西亚黄页	http://www.yellowpages.com.my
以色列黄页	http://www.yellowpages.co.il
伊朗黄页	http://www.iranianyellowpages.com
非洲黄页	http://www.africayellowpages.com

(二)利用交易会或展会

参加交易会或展会，有利于开拓新客户。因为交易会或展会，提供了一个现实的平台，让双方面对面地接触，从而获取相关的有用信息。在交易会或展会上，有的甚至可以做到当面直接下订单，提高成交率，有的是对重点意向客户做出标记说明，约好拜访的时间。

例如，若你想获得在印刷机械行业的潜在客户，可以参加国际印刷机械展，在那里你可能会遇到中国乃至世界上著名的印刷机械制造商。对于这类展会，几乎所有的大厂商都会参加，你只需要去参加一个展览会，就能获得这个行业几乎是最有价值的那部分潜在客户的信息。若经常去参加某个行业的展览会，你甚至会发现每次都可以看到那些准顾客，这对以后向客户推销非常有利。

表 2.3 是世界知名纺织服装展览会，表 2.4 是 2018 年展会信息，可供学习参考。

表 2.3　世界知名纺织服装展览会

展会名称	时间(大约)
法兰克福国际家用纺织品贸易博览会	每年 1 月
美国纽约家用纺织品展览会	每年 9 月
意大利佛罗伦萨男士流行服装展览会	每年 1 月、6 月
澳大利亚国际采购展(AISF)&澳大利亚"中国纺织品展"	每年 11 月
法国国际纱线展	每年 2 月
美国拉斯维加斯国际服装服饰面料展览会 (美国 MAGIC 神奇服装节)	每年 2 月
比利时家用纺织品博览会	每年 9 月
法国 PV 国际面料博览会 TEXWORLD 面料展	每年 2 月

表 2.4　2018 年展会信息(中国对外贸易中心发布)

时间	展会名称	地区	行业
2018.03.10—12	2018 中国国际标签技术展览会	中国，广州	标签印刷机械设备
2018.03.10—12	第 25 届华南国际印刷工业展览会	中国，广州	印刷设备、材料及配件
2018.03.18—21	第 41 届中国(广州)国际家具博览会——第一期	中国，广州	民用家具
2018.07.01—03	第 27 届广州国际汽车用品、零配件及售后服务展览会	中国，广州	汽车用品
2018.07.08—11	第 20 届中国建博会(广州)	中国，广州	建材类
2018.09.27—29	第 8 届中国—东盟(泰国)商品贸易展览会	泰国，曼谷	非洲展/泰国展

(三)其他方法

方法一：向有关银行或咨询机构获取客户资料。

方法二：通过国内外的贸易促进机构或友好协会认识客户。例如，我国的国际贸易促进委员会有此项业务办理。

方法三：通过我国驻外使馆商务处或外国驻华的商务机构，系统收集各国的市场情报，获取客户资料信息。

◉ 知识链接

中国进出口商品交易会

中国进出口商品交易会(the China Import and Export Fair)即广州交易会，简称广交会(Canton Fair)，创办于1957年春季，每年春、秋两季在广州举办，至今已有62年历史，是中国目前历史最长、层次最高、规模最大、商品种类最全、到会客商最多、成交效果最好的综合性国际贸易盛会。自2007年4月第101届起，广交会由中国出口商品交易会更名为中国进出口商品交易会，由单一出口平台变为进出口双向交易平台。

主办单位：中华人民共和国商务部、广东省人民政府

承办单位：中国对外贸易中心

举办地址：广州市海珠区阅江中路382号，即广州琶洲岛

春季开展时间：4.15—5.5

秋季开展时间：10.15—11.4

参展范围：广交会分三期举行，每期都有不同的参展范围

第一期：大型机械及设备、小型机械、自行车、摩托车、汽车配件、化工产品、五金、工具、车辆(户外)、工程机械(户外)、家用电器、电子消费品、电子电气产品、计算机及通信产品、照明产品、建筑及装饰材料、卫浴设备、进口展区。

第二期：餐厨用具、日用陶瓷、工艺陶瓷、家居装饰品、玻璃工艺品、家具、编织及藤铁工艺品、园林产品、铁石制品(户外)、家居用品、个人护理用具、浴室用品、钟表眼镜、玩具、礼品及赠品、节日用品、土特产品(109届新编入)。

第三期：男女装、童装、内衣、运动服及休闲服、裘革皮羽绒及制品、服装饰物及配件、家用纺织品、纺织原料面料、地毯及挂毯、食品、医药及保健品、医疗器械、耗材、敷料、体育及旅游休闲用品、办公文具、鞋、箱包。

参展指南：

办证资料

(1) 身份证复印件必须能清楚地辨认出人像和字迹。

(2) 在身份证复印件与介绍信之间，交易团(或审图组)必须加盖印痕清晰的骑缝章，否则不予受理。

(3) 提供现场办证或通过扫描录入办证资料的证件专用彩色相片，必须使用相片。不得使用由普通打印纸打印出来的相片。证件专用彩色相片的五官必须清晰，头部应占相片的2/3。

(4) 筹展证和撤展证的证件专用彩色照片为蓝底两寸(40 mm×50 mm)。

(5) 由于相片采用了防伪技术，故办过筹展证、撤展证的相片不能重复使用。

准备工作

(1) 收集样品实物。第一时间去工厂收集典型样品实物，记得带数码相机。样品不求

多，但求精。带不了的样品一定要拍照片。要做好样品的分类和编号，记下供应价格。

(2) 建立商品档案。将数码相机拍摄的商品图片批量导入数据库。批量导入的图片可自动按编号建立商品档案，并自动完成图片的裁剪缩放。然后，看图补充商品其他详细描述，输入货源价格。这样可在一两周内建立起商品资料库。

(3) 制作样品条码。批量制作所有样品的条码标签，打印到不干胶纸上。剪下每个编号的样品条码标签，贴到相关样品实物上。做好这一步后就可以在现场报价时用实物直接扫描输入电脑编码，极大提高了工作效率。否则就要手工查找和输入商品编号，太慢。

(4) 动画展示样品。交易会展台上，在电脑大屏幕最显眼的位置，以丰富的动画效果自动展示所有精美的商品图片。

(5) 快速扫描报价。客商喜欢什么样品，就用条码扫描器逐一扫描入电脑。只要输入你想赚多少钱，一个按钮即准确算出美元报价。

(6) 正规报价单据。三五分钟算好价格后，即可打印出正规格式的报价单。报价单有多种款式。报价单上有自己公司的 Logo、详细联系方式、价格条件、单价数量等，清晰明了。然后配一台彩色喷墨打印机，这样一张含清晰图片的报价单即可呈现在客户眼前。

(7) 即刻成交签单。运气好的话，客户会立刻下单。客户下单后，需要把报价单转成订单，填上谈妥的交易条款。核对无误后，即可打印正式的出口合同或销售确认书，让客户签字就行了。

(8) 回家准备出货。将那些客户资料、报价、订单导入公司的业务数据库中，再安排相关岗位的人员准备采购，制作发票，安排托运、保险和报关等。

二、建立业务关系

通过以上方式找到潜在客户后，接下来就要考虑如何与客户建立业务关系了。

(一)对客户进行资信调查

在与客户建立业务关系之前，需要先对潜在客户进行资信调查，避免因急于求成而造成不必要的经济损失。

1. 组织机构情况调查

组织机构情况调查包括企业的性质、创建历史、内部组织机构、主要负责人及担任的职务、分支机构等。调查时，应当弄清企业的中英文名称、详细地址，防止出现差错。

2. 政治情况调查

政治情况调查包括企业负责人的政治背景、与政界的关系以及对我国的政治态度等。

3. 资信情况调查

资信情况调查包括企业的资金和信用两个方面。资金是指企业的注册资本、财产以及资产负债情况等；信用是指企业的经营作风、履约信誉等。

对中间商更应当注重客户资信情况的调查。例如，有的客户想要和我们洽谈上亿美元的投资项目，但经调查其注册资本只有几十万美元。对于这样的客户，我们就应打上问号。

4. 经营范围情况调查

经营范围情况调查主要包括企业生产或经营的商品、经营的性质，是代理商、生产商，还是零售批发商等，避免出现无证经营的情况。

5. 经营能力情况调查

经营能力情况调查包括每年的营业额、销售渠道、经营方式以及在当地和国际市场上的贸易关系等。

此外，对客户资信进行调查后，应建立档案卡备查，分类建立客户档案。总之，要善于利用不同类型客户的长处，为我们服务。

(二)与客户建立业务关系

对潜在客户进行资信调查后，就可以着手建立业务关系了。与客户建立业务关系，既可以通过直接见面洽谈的方式，也可以通过间接洽谈的方式。互联网时代，越来越多的客户选用间接洽谈的方式，以此降低企业发展新客户的运营成本。所以信函就成了与客户建立业务关系的主要手段。

初次与客户联系时，信函一般要包含四个方面的内容：说明如何获知的客户信息、告知客户致函的目的、自我介绍和希望能尽早取得客户回函的愿望。

1. 说明如何获知的客户信息

信函开篇先告知客户其信息是通过什么渠道获知的。

例如，网络、银行、老客户介绍等。

Having obtained your name and address from the Internet...

Mr. Li has recommended you to us as a leading importer in...

Our market survey showed that you are the largest importer of ...

2. 告知客户致函的目的

一般致函的目的都是希望建立良好的业务关系。

例如，

We are writing to you in the hope of establishing business relations with you.

We are seeking to establish direct business relations with your firm.

As this item falls within the scope of our business activities, we shall be pleased to enter into direct business relations with you at an early date.

3. 自我介绍

正文中，为了能引起对方的兴趣，一般要在信函中进行自我介绍。自我介绍一般包括：

公司基本情况、产品业务范围、过往业绩等。此外，还可以附上产品的参考目录表。

例如，

We are one of the largest leather trading companies in Japan and have offices in all major cities in this country.

We have a good variety of ...

To give you a general idea of our products, we are enclosing our catalogue for your reference.

4. 希望能尽早取得客户回函的愿望

一般在结尾部分表达希望能尽早取得客户回函的愿望。

例如，

We look forward to hearing from you soon.

Your comments on our products or any information on your market demand will be really appreciated.

We are looking forward to your specific inquiries.

◉ 想一想

　　我国金宝贝玩具公司在 2017 年 9 月收到美国 A 公司的洽函，贸易涉及金额高达 200 万美元。A 公司在后续信函中告知，由于距离圣诞节尚早，所以先购买小批量货物(价值 30 万美元)试水，如果市场反应良好，将按洽函数量大批量购买。A 公司同时要求货物能给予 60 天的赊销期。金宝贝公司经过研究认为 A 公司是个潜在的大客户，双方合作前景良好，于是同意了 A 公司的要求，并签订了贸易合同。60 天赊销期过去了，A 公司尚未按期支付货款，金宝贝开始催收。但 A 公司称该货物在市场上销量不好，产品积压，同时货物质量与合同不符，要求降低货款。金宝贝意识到情况不妙，于是请专业机构对 A 公司进行资信状况调查，发现对方财务混乱，其供货商早在 3 个月前就已取消了对它的授信限额，同时追讨欠款。A 公司根本无力偿还欠款。金宝贝最后通过诉讼保全拿回 40%货款。A 公司也随即破产。

　　讨论：从金宝贝公司的遭遇中我们可以得到什么启示？

第二节　贸　易　磋　商

情境案例

　　夏利上个星期给英国 Miracle 贸易公司发了一封希望能与他们建立业务关系的 E-mail 后，就盼望着能快点收到对方的回函。

　　今天夏利终于收到了英国 Miracle 贸易公司发来的邮件。

Dear Mr.Xia

We thank you for your letter of 5th May, 2018 and shall be pleased to enter into business relations with you.

Now we are keenly interested in your Men's shirt, Style No.7756. We would like to place an initial order against the above item for one 40 foot container with shipment, please quote us your rock bottom price on the basis of CIF LONDON,UK, with all details for the goods and transaction.

Besides, please mail one sample of the above item by DHL a.s.a.p.   The courier charge will be paid by us. If the sample tests well, we will pay the sample charge by T/T.

Best wishes.

Yours sincerely
Jane Anderson
Sales Manager

Miracle Trading Company
Add: 89 High Street, London, UK
Tel.: 44-020-33456789   Fax: 44-020-33456789
http://www.miracletrading.com
E-mail: jane anderson@miracletrading.com

夏利把邮件给红姐看了之后，在红姐的指导下，把货号 7756 的男士衬衣样板通过 DHL 寄给了 Jane Anderson，同时也及时给她回复了邮件。

Dear Ms. Anderson

Thanks for your inquiry on 14th May, 2018. Our offer is as follows.
Men's shirt: Style No.7756
Material: Cotton
Color: White
Packing: 10 pieces/carton   Size:56cm×40cm×45cm

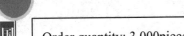
Order quantity: 3 000pieces

Unit price: USD18/pc CIF LONDON

Payment: by L/C at sight

Shipment: to be effected within 60 days after receipt of the relevant L/C

This offer is valid subject to your reply here before 31th May, 2018.

Besides, a sample for Style No.7756 of Men's shirt was mailed by DHL on 15th May, 2018. Pls check it and tell us if you have received the sample. If there is any amendment for the sample, we will remake the sample to meet your demand.

Your soon reply is awaited with much appreciation.

Best wishes.

Yours faithfully,

Xia Li

Sales Department

Beijing Yufeng Import & Export Co.,Ltd.

Add: Room 950, No.7-8 Daxing Road, Beijing, China

Tel.: 86-010-88123456   Fax: 86-010-88123456

http://www.beijingyufeng.com

E-mail: xiali@beijingyufeng.co.cn

情境问答

亲爱的同学们，请根据自己的初步认知，思考并回答以下问题。

① 请试着翻译 Jane Anderson 和夏利的英文邮件。

答：_____

_____

② 夏利在寄送样品时需要注意什么问题？回复邮件时又应当注意什么问题？

答：_____

_____

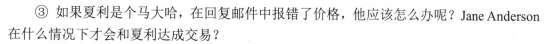

③ 如果夏利是个马大哈，在回复邮件中报错了价格，他应该怎么办呢？Jane Anderson 在什么情况下才会和夏利达成交易？

答：_____

_____

_____

 理论认知

一、询盘

(一)询盘的概念

询盘(Inquiry)又称询价，是指买方或卖方为了购买或销售某种商品，向对方询问有关交易条件的表示。在国际贸易实务中，一般多由买方主动向卖方发出询盘，可以询问价格，也可以询问其他一项或几项交易条件以引起对方发盘，目的是试探对方交易的诚意和了解其对交易条件的意见。

(二)询盘的内容

询盘的内容可涉及价格、规格、品质、数量、包装、装运以及索取样品等，而多数只是询问价格。因此，在实际业务中常把询盘称作询价。

询盘不是每笔交易必经的程序，如果交易双方彼此了解情况，不需要向对方探询成交条件或交易的可能性，则不必使用询盘，可直接向对方发盘。

询盘可采用口头、书面和电子邮件等形式。

(三)询盘的法律效力

在实际业务中，询盘只是探询买或卖的可能性，所以不具备法律上的约束力，询盘的一方对能否达成协议不负任何责任。由于询盘不具有法律效力，所以可作为与对方的试探性接触。询盘人可以同时向若干个交易对象发出询盘。但合同订立后，询盘的内容便成为磋商文件中不可分割的部分，若发生争议，也可作为处理争议的依据。

◉ 想一想

如何判断询盘是否来自真实的客户呢？以及如何回复对方的询盘才能争取到客户？

◉ 知识链接

在国际贸易中，通常用以下词语表示询盘。

Please quote your lowest price...请报最优惠价格……

Please offer sb sth...请向某人就某物报价……

Please advise...请告知……

We are interested in ...please quote...我公司有意向购买……请告知……

二、发盘

(一)发盘的概念

发盘(Offer)也称报盘、发价、报价，法律上称之为"要约"，是指买方或卖方(发盘人)向对方(受盘人)提出买卖某种货物的各项交易条件，并愿意按照这些交易条件达成交易，订立合同的行为。在发盘的有效期内，一经受盘人无条件接受，合同即告成立，发盘人承担发盘条件中履行合同义务的法律责任。

(二)发盘的内容

发盘有实盘和虚盘两种。实盘是发盘人承诺在一定期限内，受发盘内容约束，非经受盘人同意，不得撤回和变更；如受盘人在有效期限内表示接受，则交易达成，实盘内容即成为买卖合同的组成部分。一个完整的实盘应包括明确肯定的交易条件，如商品名称、规格、数量、价格、支付方式、装运期等，还应有实盘的有效期限并应明确发盘为实盘。虚盘是发盘人有保留地表示愿意按一定条件达成交易，不受发盘内容约束，不作任何承诺，通常使用"须经我最后确认方有效"等语，以示保留。

发盘可采用口头、书面和电子邮件等形式。发盘是每笔交易必经的程序。

(三)发盘的法律效力

发盘具有法律约束力。发盘人发盘后不能随意反悔，一旦受盘人接受发盘，发盘人就必须按发盘条件与对方达成交易并履行合同(发盘)义务。

一项法律上有效的发盘，须具备以下四个条件。

(1) 发盘是向一个(或几个)特定受盘人提出的订立合同的建议。

(2) 发盘的内容必须十分确定，一旦受盘人接受，合同即告成立。如果内容不确定，即使对方接受，也不能构成合同成立。

(3) 发盘人须表明承受按发盘条件与对方成立合同的约束意旨。

(4) 发盘必须送达受盘人。根据《联合国国际货物销售合同公约》规定，发盘于送达受盘人时生效。如果发盘由于在传递中遗失以致受盘人未能收到，则该发盘无效。

(四)发盘的撤回和撤销

发盘于送达受盘人时生效。发盘在尚未送达受盘人之前，如果发盘人改变主意或是情况发生变化，那么发盘是可以撤回或撤销的。

1. 发盘的撤回

发盘尚未送达受盘人时，发盘可以撤回。

2. 发盘的撤销

发盘已经送达受盘人，但受盘人尚未做出接受行为时，发盘可以撤销。

在下列情况下，发盘不能撤销。

(1) 发盘已经注明有效期字样，或是以其他方式表明发盘是不能撤销的。

(2) 受盘人有理由信赖该发盘是不可撤销的，并已本着对该发盘的信赖行事。

(五)发盘的失效

在国际贸易实务中，以下四种情况会造成发盘失效。

(1) 发盘的撤回和撤销。

(2) 发盘中规定的有效期届满。

(3) 其他方面造成发盘失效。例如，发盘人死亡或破产、政府禁令或限制性措施等。

(4) 受盘人不接受发盘内容，并将拒绝通知送达发盘人手中。

 知识链接

口头发盘自对方了解时生效，书面方式发盘遵循到达主义，数据电文形式以进入特定系统时间为准。

《联合国国际货物销售合同公约》第十九条(2)款规定：对发盘表示接受但载有添加或不同条件的答复，如所载添加或不同条件在实质上并不改变发盘的条件，除发盘人在不过分迟延的期间内以口头或书面通知反对其差异外，仍构成接受。一般来说，逾期接受不能作为一项有效接受。但是，如果发盘人同意并通知受盘人，则逾期接受属有效接受。如果逾期接受不是受盘人造成的，发盘人若不及时反对，逾期接受可以成为有效接受。撤回接受根据《联合国国际货物销售合同公约》规定，接受可以撤回，但撤回通知必须于接受原应生效之前或同时被送达发盘人。

想一想

我公司于8月1日上午以电报向伦敦一商人就某项商品发出实盘，限8月3日复到有效。电报刚一发出，就收到总公司紧急通知：该商品自8月1日起提高价格20%。我公司当即以电传通知对方撤回我方原发盘。2日上午公司收到对方发来的电传通知，表示无条件接受我方8月1日发盘。

请根据国际贸易惯例，思考我公司是否只能以原发盘条件与对方达成交易？

三、还盘

(一)还盘的概念

还盘(Counter Offer)也称还价，是受盘人对发盘条件不同意或不完全同意而提出修改、限制或增加新条件的表示。

还盘实质上构成对原发盘的某种程度的拒绝，也是受盘人以发盘人身份所提出的新发盘。因此，一经还盘，原发盘即失效，新发盘取代它成为交易谈判的基础。如果另一方对还盘内容不同意，还可以进行反还盘(或称再还盘)。还盘可以在双方之间反复进行。还盘的内容通常仅陈述需变更或增添的条件，对双方同意的交易条件不再重复。在国际贸易实务中，往往要经过多次还盘、反还盘，才能最终达成协议。

(二)还盘的注意事项

(1) 要识别还盘的形式，有的明确使用"还盘"字样，有的则不用。

(2) 接到还盘后，要与原盘进行核对，找出原盘中新增的内容，然后结合市场变化情况和销售意图，予以认真对待。

(3) 还盘是对发盘的拒绝，原发盘人可以就此停止磋商。

(4) 在表示还盘时，一般只针对原发盘提出不同意或需修改的部分，已同意的内容可以在还盘中省略。

◉ **想一想**

我出口企业于3月5日用电传向英商发盘销售某商品，限3月9日复到。3月6日收到英商发来的电传称：如价格减10%可接受。我方尚未对英商做出答复。由于该商品国际市场价格剧涨，英商又于3月7日来电传表示：无条件接受你方3月5日发盘，请告合同号码。

请问：在此情况下，我方应如何处理？

四、接受

(一)接受的概念

接受(Acceptance)在法律上称为"承诺"，是受盘人在发盘的有效期内，无条件地同意发盘中提出的各项交易条件，并愿意按这些条件和对方达成交易的一种表示。接受一经送达发盘人，合同即告成立，双方均应履行合同所规定的义务并拥有相应的权利。接受是每笔交易必经的程序。

(二)接受的方式

受盘人对一项发盘做出接受即可使合同成立，因此接受以何种方式做出是很重要的事情。一般来说，法律并不对接受必须采取的方式作规定，而只是规定接受应当以明示或者默示的方式做出。

所谓明示，一般可以根据发盘的形式，以口头或者书面形式表示接受。

一般来说，如果发盘中没有规定必须以书面形式表示接受，当事人就可以口头形式表示接受。

所谓默示，一般是指按照交易的习惯或者当事人之间的约定，受盘人尽管没有通过书面或者口头形式明确表达其意思，但是通过实施一定的行为和其他形式做出了接受。

行为接受是指如果发盘人对接受方式没有特定要求，接受可以明确表示，也可以由受盘人的行为来推断。所谓的行为，通常是指履行的行为，如预付价款、装运货物或在工地上开始工作等。例如，甲写信向乙借款，乙未写回信但直接将借款寄来。

◉ 想一想

缄默或不行动能否表示接受？请试着分别举例说明。

(三)有效接受应当具备的条件

(1) 接受必须由特定的受盘人做出。

(2) 接受必须以一定的形式表示出来。接受可以用口头或书面形式，或用行动表示。例如，接到老客户发盘后立即发货或开立信用证。

(3) 接受应当是无条件的。受盘人在答复中使用了"接受"字眼，但是又对发盘的内容做了增加、限制或修改。这在法律上是有条件的接受。有条件的接受算不算接受，需要具体分析。

如果受盘人对发盘做出了价格、支付方式、质量、数量、交货地点和时间、赔偿责任范围、解决争端等的添加、限制或修改，则是实质性变更的接受，不能成为有效的接受，应当叫作还盘。

如果受盘人对发盘做出了提供某些单据或增加单据份数、提供样品、包装、唛头刷制等的修改，则是非实质性变更的接受，可以成为有效的接受，合同成立。

(4) 接受的通知要在发盘的有效期内送达发盘人才有效。

◉ 知识链接

《联合国国际货物销售合同公约》认为逾期接受原则上是无效的，但是也有例外。

第二十一条规定：(1)逾期接受仍有接受的效力，如果发价人毫不迟延地用口头或书面将此种意见通知被发价人。(2)如果载有逾期接受的信件或其他书面文件表明，它是在传递正常、能及时送达发价人的情况下寄发的，则该项逾期接受具有接受的效力，除非发价人毫不迟延地用口头或书面通知被发价人：他认为他的发价已经失效。

(四)接受的生效

大陆法系采用"到达生效"原则：接受的电函必须在规定时间内送达发盘人，接受方生效。

英美法系采用"投邮生效"原则：接受的电函一旦发出，立即生效。

《联合国国际货物销售合同公约》对书面形式接受的情况采用"到达生效"原则。

所谓到达，是指接受的通知到达发盘人支配的范围内。发盘人是否实际阅读或了解接受通知不影响接受的效力。如果接受不需要通知，则根据贸易习惯或发盘的要求，当受要约人做出接受的行为时接受生效。

◉ 想一想

发盘有撤回和撤销，接受有撤回和撤销吗？两大法系都是一样的吗？

◉ 想一想

美国商人打算将从巴西进口的初级产品转卖，于是向英国商人发盘。英国商人复电接受发盘，同时要求提供原产地证。两周后，美国商人收到英国商人开来的信用证，正准备按信用证规定发运货物，获商检机构通知，因该货物非本国商品，不能签发原产地证。经电请英国商人取消信用证中要求提供原产地证的条款，但遭到英国商人拒绝，于是引发争议。美国商人提出，他对提供原产地证的要求从未表示过同意，所以他并无此义务，而英国商人则坚持认为美国商人有此义务。

请问：根据《联合国国际货物销售合同公约》，该争议应当如何解决？

第三节 合 同 签 订

 情境案例

英国 Miracle 贸易公司的 Jane Anderson 收到夏利快递过去的男士衬衣样品后觉得非常不错，于是双方经过反复磋商，最终达成了 USD16/PC CIF LONDON,UK 的成交价，并就信用证付款条件作了变更，在其他贸易条件不变的情况下达成了协议，并签订了合同。

1. 商品：货号为 7756 男士衬衫；面料为纯棉；颜色为白色

2. 数量：3 000 件

3. 价格：USD16/PC CIF LONDON,UK

4. 金额：16×3 000=48 000(美元)

5. 包装：10 件/箱；箱子规格：56cm×40cm×45cm

6. 唛头：Miracle Trading Co./销售合同号/货号/目的港名称/箱号

7. 运输：收到信用证后 60 天内装运，从天津新港到英国伦敦

8. 付款：见票后 60 天付款信用证，信用证要求在 2018 年 6 月 8 日前开到卖方

9. 保险：由卖方按照发票全额的 110%投保中国保险条款的一切险

10. 单据：发票一式三份；装箱单一式三份；全套清洁海运提单(空白指示抬头，空白背书，标注运费预付，通知买方)；保险单一式三份；普惠制原产地证书格式 A

BEIJING YUFENG IMP.&EXP.CO.,LTD.
Room 950, No.7-8 Daxing Road, Beijing, China
Tel.: 86-010-88123456   Fax: 86-010-88123456
销售合同
SALES CONTRACT

编号(No.)：2018BJMS001
日期(Date)：May 19th ,2018

卖方：北京裕丰进出口贸易有限公司
Sellers：Beijing Yufeng Import & Export Co.,Ltd.
地址：中国，北京，大兴路 7-8 号，950 房
Address：Room 950, No.7-8 Daxing Road, Beijing, China
电话：86-010-88123456   传真：86-010-88123456
Tel：86-010-88123456   Fax：86-010-88123456
买方：Miracle 贸易公司
Buyers：Miracle Trading Company
地址：英国，伦敦，大街 89 号
Address：89 High Street, London, UK
电话：44-020-33456789   传真：44-020-33456789
Tel：44-020-3345678   Fax：44-020-33456789
买卖双方同意按下列条款由卖方出售，买方购进下列货物。
The sellers agrees to sell and the buyer agrees to buy the under mentioned goods on the terms and conditions stated below.
1. 货号：7756
Article No.：Style No.7756
2. 品名及规格：男士衬衣；材质：纯棉；颜色：白色
Description & Specification：Men's shirt；Material：Cotton；Color：White
3. 数量：3 000 件
Quantity：3000pieces
4. 单价：16 美元/件，CIF LONDON,UK
Unit Price：USD16/PC CIF LONDON,UK
5. 总值：USD48 000
数量及总值均有 0 %的增减，由卖方决定。
Total Amount：SAY USD FORTY EIGHT THOUSAND ONLY
With 0 % more or less both in amount and quantity allowed at the sellers option.
6. 生产国和制造厂家：中国
Country of Origin and Manufacturer：China

7. 包装：10 件/箱，纸箱型号：56cm×40cm×45cm

Packing：10 pieces / carton   Size：56cm×40cm×45cm

8. 唛头：Miracle Trading Co.

Shipping Marks：2018BJMS001

Style No.7756

LONDON

1-300

9. 装运期限：收到信用证后 60 天内

Time of Shipment：within 60 days after receipt of the relevant L/C

10. 装运口岸：中国天津新港

Port of Loading：TIANJIN(XINGANG),CHINA

11. 目的口岸：英国，伦敦

Port of Destination：LONDON,UK

12. 保险：由卖方按发票全额110%投保至 英国伦敦 为止的 一切 险。

Insurance ：To be effected by buyers for 110% of full invoice value covering LONDON,ENGLAND   up to   ALL RISKS   only.

13. 付款条件：

买方须于 2018 年 6 月 20 日将保兑的、不可撤销的、可转让、可分割的远期 60 天付款信用证开到卖方。信用证议付有效期延至上列装运期后 21 天在中国到期，该信用证中必须注明不允许分运及转运。

Payment：

By confirmed, irrevocable, transferable and divisible L/C to be available at 60days after sight draft to reach the sellers before   20th   /   June / 2018   and to remain valid for negotiation in China until 21 days after the aforesaid time of shipment. The L/C must specify that transshipment and partial shipments are not allowed.

14. 单据：发票一式三份；装箱单一式三份；全套清洁海运提单(空白指示抬头，空白背书，标注运费预付，通知买方)；保险单一式两份；普惠制原产地证书格式 A。

Documents：Invoice in triplicate; Packing List in triplicate; Full set of clean on board B/L made out to order and marked freight prepaid ,blank endorsed, notifying the buyer; Insurance Policy in duplicate; G.S.P certificate of origin form A.

15. 检验：由中国商检局出具的品质/重量证明书将作为装运品质数量证明。

Inspection：The inspection certificate of quality/weight issued by CCIB shall be taken as basis for the shipping quality/weight.

16. 人力不可抗拒因素：由于水灾、火灾、地震、干旱、战争或协议一方无法预见、控制、避免和克服的其他事件导致不能或暂时不能全部或部分履行本协议，该方不负责任。但是，受不可抗力事件影响的一方须尽快将发生的事件通知另一方，并在不可抗力事件发生 15 天内将有关机构出具的不可抗力事件的证明寄交对方。

Force Majeure: Either party shall not be held responsible for failure or delay to perform all or any part of this agreement due to flood, fire, earthquake, draught, war or any other events which could not be predicted, controlled, avoided or overcome by the relative party. However, the party affected by the event of Force Majeure shall inform the other party of its occurrence in writing as soon as possible and thereafter sends a certificate of the event issued by the relevant authorities to the other party within 15 days after its occurrence.

17. 异议索赔：品质异议需于货到目的口岸之日起 30 天内提出，数量异议需于货到目的口岸之日起 15 天内提出，买方需同时提供双方同意的公证行的检验证明。卖方将根据具体情况解决异议。由自然原因或船方、保险商责任造成的损失，将不予考虑任何索赔。信用证未在合同指定日期内到达卖方，或者 FOB 条款下，买方未按时派船到指定港口，或信用证与合同条款不符，买方未在接到卖方通知所规定的期限内电改有关条款时，卖方有权撤销合同或延迟交货，并有权提出索赔。

Discrepancy and Claim: In case discrepancy on quality of the goods is found by the Buyers after arrival of the goods at port of destination, claim may be lodged within 30days after arrival of the goods at port of destination, while for quantity discrepancy, claim may be lodged within 15days after arrival of the goods at port of destination, being supported by Inspection Certificate issued by a reputable public surveyor agreed upon by both parties. The Sellers shall, then consider the claim in the light of actual circumstance. For the losses due to natural cause or causes falling within the responsibilities of the Ship-owners or the Underwriters, the Sellers shall not consider any claim for compensation. In case the Letter of Credit not reach the Sellers within the time stipulated in the Contract, or under FOB price terms do not send vessel to appointed ports or the Letter of Credit opened by the Buyers does not correspond to the Contract terms and the Buyers fail to amend therefore its terms by telegraph within the time limit after receipt of notification by the Sellers, the Sellers shall have right to cancel the contract or to delay the delivery of the goods and shall have also the right to lodge claims for compensation of losses.

18. 仲裁：在履行协议过程中，如产生争议，双方应友好协商解决。若通过友好协商未能达成协议，则提交中国国际贸易促进委员会对外贸易仲裁委员会，根据该会仲裁程序暂行规定进行仲裁。该委员会裁决是终局的，对双方均有约束力。仲裁费用，除另有规定外，由败诉一方负担。

Arbitration: All disputes arising from the execution of this agreement shall be settled through friendly consultations. In case no settlement can be reached, the case in dispute shall then be submitted to the Foreign Trade Arbitration Commission of the China Council for the Promotion of International Trade for Arbitration in accordance with its Provisional Rules of Procedure. The decision made by this commission shall be regarded as final and binding upon both parties. Arbitration fees shall be borne by the losing party, unless otherwise awarded.

19. 备注：
Remark:

卖方：　　　　　　　　　　　　　买方：
Sellers:　　　　　　　　　　　　Buyers:
签字：　　　　　　　　　　　　　签字：
Signature:　　　　　　　　　　　Signature:

情境问答

亲爱的同学们，请根据自己的初步认知，思考并回答以下问题。

① 请认真查看合同，想一想一份完整的合同应当包括哪些内容？

答：_____

_____

② 夏利在拟订合同的时候应当注意什么问题？

答：_____

_____

③ 贸易协议达成后，双方为何还要签订合同？有何意义？

答：_____

_____

理论认知

一、国际贸易合同的成立

合同的成立是指在国际贸易磋商过程中，一方的发盘经另一方有效接受后，合同即成立。

合同的生效是指合同是否具有法律上的效力。

依法成立的合同，具有法律约束力。合同自成立时生效。

想一想

合同的成立与合同的生效有何不同？

二、国际贸易合同成立的有效条件

(一)合同当事人的意思表示一致

这种意思表示一致是通过要约和承诺而达成的。也就是说，一方向另一方提出要约，另一方对该项要约表示承诺，双方的意思表示达成一致，合同即告成立，对双方均产生法律约束力。如果有要约，而没有承诺，合同就不成立。即使双方相互要约，意思表示正好一致，合同仍不成立。

要约和承诺在国际贸易实务中分别被称作发盘和接受。在有关国际贸易法律中，对发盘和接受这两个行为的定义非常严格。判定国际贸易合同是否成立，不仅要看有无发盘和接受，还要看发盘和接受这两个行为是否成立。

(二)对价和约因的规定

对价是英美法中有关合同成立所必须具备的一个要素。按英美法的解释，合同当事人之间存在着我给你是为了你给我的关系。这种通过相互给付，从对方那里获得利益的关系称作对价。例如，在货物买卖合同中，买方付款是为了获得卖方的货物，而卖方交货是为了获得买方的货款。

约因是大陆法中提出的合同成立的要素之一。它是指当事人签订合同所追求的直接目的。例如，在货物买卖合同中，买卖双方签订合同都要有约因。买方的约因是获得货物，卖方的约因是获得货款。

在国际贸易合同中，要有对价或约因，法律才承认合同的有效性；否则，合同得不到法律的保障。

(三)合同当事人必须要有订立合同的能力

国际贸易合同一般是在法人之间签订的。

《中华人民共和国对外贸易法》规定，我国的涉外经济合同当事人必须是企业或者其他经济组织。但是，法人是由自然人组织起来的，它必须通过自然人才能进行活动，因此代表法人的自然人必须具备订立合同的能力。另外，法人本身也必须具有一定的行为和能力。法人采取的最普遍的具体形式是公司。

(四)合同的标的和内容必须合法

各国法律都规定合同不得违反法律，不得违反公共政策和公共秩序。《中华人民共和国合同法》规定：订立合同，必须遵守法律，并不得损害社会公共利益。这里的公共利益是广义的，包括公众安全、优良习惯和道德规范。在国际贸易中对违禁品，如就毒品、走私物品、严重败坏社会道德风尚的物品等签订贸易合同是不合法的；与敌国或国家明令禁止的贸易对象国签订贸易合同也是不合法的。

对于不合法的合同，在当事人之间，没有权利和义务关系。一旦双方当事人发生争议或纠纷，任何一方都不能上诉。法律对这种合同不予承认和保护。同时，如果法律认为必要时，还要追究当事人的刑事责任，没收其买卖的货物。

(五)当事人必须在意思表达真实和自愿的基础上订立合同

合同是双方当事人意思表示一致的结果。各国的法律规定，如果由于各种原因或事实，构成当事人表示的意思不是自愿和真实的，则合同不成立，如胁迫、欺诈、意思表达错误等。

(六)合同形式的法律规定

《联合国国际货物销售合同公约》对于国际货物买卖合同的形式，原则上不加以任何限制。其第十一条明确规定，买卖合同无须以书面订立或证明，在形式方面不受任何其他条件的限制。这一规定既兼顾了西方国家的习惯做法，也是为了适应国际贸易发展的特点。因为许多国家的贸易合同是以现代通信方式订立的，不一定存在书面合同。但《联合国国际货物销售合同公约》允许缔约国对该条的规定提出声明予以保留。我国对此做了保留。

◉ **知识链接**

美国的《统一商法典》规定，凡是价金超过 500 美元的货物买卖合同，须以书面形式做成，但仍保留了例外。例如，卖方已在实质上开始生产专为买方制造的，不宜于售给其他买方的商品，则该合同虽然没有采取上面的形式，但仍有约束力。

三、国际贸易合同的书面形式

(一)书面形式合同的类别

在国际贸易实务中，国际贸易合同的书面形式可采用正式的合同、确认书、协议书、备忘录、订单等形式。

1. 合同

合同(Contract)是指平等的当事人之间设立、变更、终止民事权利义务关系的协议。合同的内容比较全面，对买卖双方当事人的权利、义务以及发生争议以后该如何处理，都有比较详细的规定。合同一般分为销售合同和购货合同。销售合同是由卖方起草的，购货合同是由买方起草的。合同上的文字一般使用第三人称。一般来说，每个公司都有其固定的合同格式，一旦贸易达成，则由业务员根据双方贸易磋商时所谈妥的条件逐项填写，双方查看确认无误后签名盖章即可。

2. 确认书

确认书(Confirmation)是买卖双方在通过交易磋商达成交易后，寄给双方加以确认的列明达成交易条件的书面证明。经买卖双方签署的确认书，是法律上有效的文件，对买卖双方具有同等的约束力。确认书是合同的简化形式，两者具有同等的法律效力。确认书包括销售确认书和购货确认书。确认书的文字使用第一人称。

3. 协议书

协议书(Agreement)也称为协定，是国际条约的一种，是关于某一个问题经过谈判后取得一致意见而签署的文书。国际上对协议和合同有不同的理解和解释。如果双方当事人对具体条款已经协商一致，实质上合同已经成立，即使使用"协议"字样，在法律上仍具有合同的性质。但是，如果使用"协议"名称却不具有合同性质，则应在协议上加注"初步协议"或"以正式合同为准"字样，明确该协议不属于正式有效的合同性质，以防引起误解，引发纠纷。

4. 备忘录

备忘录(Memorandum)是指用来提醒或引起别人对某事注意的文件。一般来说，备忘录就是把贸易磋商过程中双方谈判讨论的问题和达成的协议记录下来，如果双方对交易条件做出了明确的具体规定，该备忘录经双方签字后，与合同的性质一样，对双方均有法律约束力。如果双方的洽谈是对某些事项达成一定程度的理解或谅解，并以备忘录的形式记录下来，作为双方今后合作的依据，以供日后参考，则该备忘录对双方均不具备法律约束力。备忘录的格式一般与会议记录相同。

5. 订单

订单(Order)是指由进口商或实际买方拟订的货物订购单。经过贸易磋商成交后的订单，实际上相当于购货合同或购货确认书，但格式和内容较为简单，有时仅列明主要的交易条件。

◉ 知识链接

在我国的外贸实践中，进口商往往会在未进行磋商的情况下，直接寄送订单并要求我方回签。此时，我方应当根据其内容区别对方是发盘还是发盘邀请，再决定是否与之交易并及时回复对方。

意向书(Letter)是指当事人双方在对某项事物正式签订条约、达成协议之前，表达初步设想的意向性文书。意向书不是法律文件，对双方当事人没有法律约束力。它仅是买卖双方为达成某项交易，将贸易磋商中争取实现的目标和意愿及部分条件记录在书面文件上，以供参考而已。

◉ 想一想

我国某玩具出口企业与英国某玩具进口企业在广交会上相识。英国企业对某玩具出口企业的参展产品泰迪熊很感兴趣，于是就口头答应一次订购800个泰迪熊。

请问：这种订货形式是合同的哪种形式？某玩具出口企业可以接受吗？

(二)书面形式合同的内容

国际贸易合同一般由约首、正文和约尾三个部分构成。

(1) 约首。约首是合同的序言部分，包括合同名称、合同编号、缔约时间、缔约地点、缔约双方当事人的名称和地址(要求写全称)。此外，约首还应当写明双方订立合同的意愿和执行合同的保证。

(2) 正文。正文是合同的主体部分，包括品名、品质、规格、数量、价格、包装、交货条件、运输、保险、支付方式以及检验检疫、索赔、不可抗力和仲裁条款等。

(3) 约尾。约尾是合同的结尾部分，包括法律适用、合同文字和份数、合同生效时间以及缔约双方的签字盖章。

◉ 想一想

如果双方签订合同后，进口方又想增加商品交易的数量，可否在原来合同的基础上进行修改？

(三)签订书面形式合同的注意事项

(1) 仔细核查自己的履约能力。

(2) 争取合同的起草权。一般来说，合同由谁起草，谁就掌握主动权。因为起草方在起草合同时可以根据双方协商的内容，认真考虑推敲写入合同中的每一项条款，甚至每一个用词。而未起草的一方在审核合同时一般不会逐字逐句细琢推敲。即使对方认真审核了合同的各项条款，但由于文化的差异，对词义的理解不同，一般而言，也难发现对自己不利的地方。

(3) 明确合同双方当事人的签约资格。

(4) 明确规定双方各自应当承担的义务。合同条款尽可能具体、详细。

(5) 使用专业、准确的用词。注意贸易术语的正确选用。合同用词应当专业、准确，不要使用易引人误会、词义含糊不清的词语，避免引起不必要的误会，引发贸易纠纷。例如，"大约""大概""立即""马上"等。

(6) 注意对合同标的等做最后的核实。

(7) 注意合同条款之间的内在关联。合同条款应相互呼应衔接，不要出现相互矛盾的内容。

(8) 注意对合同的审查和管理。

(四)签订书面形式合同的意义

(1) 它是合同成立的依据。合同是否成立，必须要有证明，尤其是通过口头谈判达成交易的情况下，签订一定格式的书面合同就成为必不可少的程序。按照法律的要求，凡是合同必须能得到证明，提供证据，包括人证和物证。在用信件、电报或电传磋商时，往来函电就是证明。口头合同成立后，如果不用一定的书面形式加以确定，那么它将会因为不能被证明而难以得到法律的保护。因此，国际贸易合同一般要求是书面合同，尽管有的国家的合同法并不否认口头合同的效力。

(2) 它是合同履行的依据。国际货物买卖合同的履行涉及很多部门，如果以分散的函电为依据，那么将会给履行合同造成很多不便。因此，买卖双方不论是通过口头，还是信件、电报磋商，在达成交易后将谈定的完整的交易条件，全面、清楚地列明在一个书面文件上，对进一步明确双方的权利和义务，以及为合同的履行提供更好的依据，具有重要意义。

(3) 它是合同生效的条件。一般情况下，接受生效，合同则成立，但在通过 E-mail、信件、电报、电传达成协议的特定环境下，若一方当事人要求签订确认书的，则签订确认书后方为合同成立。此外，如果所签的合同必须是经一方或双方政府审核批准的合同，那么这一合同的生效就必须是具有一定格式的书面合同。

 实训项目

1. 按照要求分组，各小组成立公司，确定公司的基本资料(中英文)。公司资料应当包括公司名称、地址、联系方式、法人代表、经营范围、简介、规模等。

2. 明确公司各成员的分工。

3. 选择商品，寻找并筛选客户。

4. 贸易磋商(要求记录磋商过程)。

5. 磋商协议达成后选择适当的合同形式。

6. 起草合同。

7. 展示合同。

分组要求如下。

① 每小组 3～4 人，必须男女搭配，每个小组选定一个组长。一般分为 16 组。

② 每个小组选定一件商品(商品目录教师自行给出，建议 4 件)。

③ 每 4 个选定同一商品的小组成为一个单元组。

④ 每个单元组中分设 2 个进口商，2 个出口商。

⑤ 16 个小组都确定身份和谈判对手后，将组成 8 对谈判组。

⑥ 在整个实训项目过程中，小组选定的商品、身份和对手都不再改变。

练　习　题

一、名词解释

询盘　发盘　还盘　接受　逾期接受　确认书　协议书　备忘录　订单

二、填空题

1. B2B 是指进行_____的_____双方都是_____，双方通过_____的过程。

2. 搜索引擎是指根据一定的策略，运用特定的计算机程序从_____上搜集信息，在对信息进行组织和处理后，为用户提供检索服务，将用户检索的相关信息展示给用户的系统。

3. 搜索引擎包括_____、_____、_____、_____、_____与_____等。

4. 网络黄页收录了国内外著名的_____和商号的_____、_____、_____、_____、_____以及历史经营情况等。

5. 国际贸易合同一般由_____、_____和_____三个部分构成。

三、单项选择题

1. 一项接受由于电信部门的延误，发盘人收到此项接受时已超过该发盘的有效期，那么(　　)。

A. 除非发盘人及时提出异议，该逾期接受有效，合同成立

B. 只要发盘人及时表示确认，该逾期接受有效，合同成立

C. 该逾期接受丧失接受效力，合同未成立

2. 一项发盘，经过还盘后，则该项发盘(　　)。

A. 失效　　　　　　　　　　B. 仍然有效

C. 对原发盘人有约束力　　　D. 对还盘人有约束力

3. 我方于 6 月 10 日向国外某客商发盘，限 6 月 15 日复到有效，6 月 13 日接到对方复电"你 10 日电接受，以获得进口许可证为准"，则该接受(　　)。

A. 相当于还盘　　　　　　　B. 在我方缄默的情况下，则视为接受

C. 属于有效的接受　　　　　D. 属于一份非实质性变更发盘条件的接受

4. "××公司：你方 10 日传真收悉。你方条件我方接受，但请降价 10%，可否即复(签章)。"这份传真是一个(　　)。

A. 询盘　　　B. 发盘　　　C. 还盘　　　D. 接受

5. 下列条件中，(　　)不是构成发盘的必备条件。

A. 发盘的内容必须确定　　　　B. 交易条件必须十分完整

C. 向一个或一个以上特定的人发出　　D. 表明发盘人愿承受约束

6. 按照《联合国国际货物销售合同公约》的规定，一项发盘在尚未送达受盘人之前是可以阻止其生效的，这叫发盘的(　　)。

A. 撤回　　　　　B. 撤销　　　　C. 还盘　　　　D. 接受

7. 我公司星期一对外发盘，限星期五复到有效，客户于星期二回电还盘并邀我方电复。此时，国际市场价格上涨，故我方未予答复。客户又于星期三来电表示接受我方星期一的发盘，在上述情况下(　　)。

A. 接受有效　　　　　　　　B. 接受无效

C. 如我方未提出异议，则合同成立　　D. 属有条件的接受

8. 我某出口公司对外发盘，外商于发盘有效期复到，表示接受我方的发盘，但外商对发盘的内容做出修改，下列哪一项内容的修改不属于实质性变更发盘的内容，我方保持沉默，合同有效成立(　　)。

    A. 要求提供装箱单   B. 货物的价格

    C. 货物的数量   D. 交货时间与地点

9. 根据《联合国国际货物销售合同公约》的规定，发盘和接受的生效采取(　　)。

    A. 投邮生效原则   B. 签订书面合约原则

    C. 口头协商原则   D. 到达生效原则

10. 英国某商人 3 月 15 日向国外某客商用口头发盘，若英商与国外客商无特别约定，国外客商(　　)。

    A. 任何时间表示接受都可使合同成立

    B. 应立即接受方可使合同成立

    C. 当天表示接受即可使合同成立

    D. 在两三天内表示接受可使合同成立

11. 我国有权签订国际贸易销售合同的有(　　)。

    A. 自然人   B. 法人

    C. 法人或自然人   D. 法人或自然人且须取得外贸经营权

12. 某发盘人在其订约建议中加有"仅供参考"字样，则这一订约建议为(　　)。

    A. 发盘   B. 递盘   C. 邀请发盘   D. 还盘

13. 某项发盘于某月 12 日以电报形式送达受盘人，但在此前的 11 日，发盘人以一传真告知受盘人，发盘无效，此行为属于(　　)。

    A. 发盘的撤回   B. 发盘的修改   C. 一项新发盘   D. 发盘的撤销

14. A 公司 5 月 18 日向 B 公司发盘，限 5 月 25 日复到有效。A 公司向 B 公司发盘的第二天，A 公司收到 B 公司 5 月 17 日发出的、内容与 A 公司发盘内容完全相同的交叉发盘，此时(　　)。

    A. 合同即告成立

    B. 合同无效

    C. A 向 B 或 B 向 A 表示接受，当接受送达对方时，合同成立

    D. 必须是 A 公司向 B 公司表示接受，当接受通知送达 B 公司时，合同成立

15. 我某进出口公司于 2018 年 11 月 15 日上午 8:50 用电报向美国 Smith Co.发盘：2018 年 11 月 20 日复到我公司有效。11 月 18 日上午 10:00 同时接到 Smith Co.的接受和撤回接受的电传。根据《联合国国际货物销售合同公约》的规定，对此"接受"(　　)。

    A. 可以撤回   B. 不得撤回，必须与我某进出口公司签约

    C. 视为撤销   D. 在我某进出口公司同意的情况下，才可撤回

四、多项选择题

1. 交易磋商中，必不可少的环节是(　　)。

A. 询盘　　　　　　B. 发盘　　　　　　C. 还盘　　　　　　D. 接受

2. 构成一项发盘应具备的条件是(　　　)。

    A. 向一个或特定的几个人提出　　　　B. 内容必须十分确定

    C. 表明愿意接受约束　　　　　　　　D. 必须规定有效期

3. 在实际的进出口业务中，接受的形式是(　　　)。

    A. 用口头或书面的形式表示　　　　　B. 用缄默表示

    C. 用广告的形式表示　　　　　　　　D. 用行动表示

4. 在国际贸易中，合同的生效时间是(　　　)。

    A. 接受送达发盘人时

    B. 依约签订书面合同时

    C. 依国家法律或行政法规的规定，合同获得批准时

    D. 口头合同被立即接受时

5. 下列选项中，属于实质性变更发盘内容的有(　　　)。

    A. 货物的价格　　　B. 货物的数量　　　C. 交货的时间、地点　　D. 货物的品质

6. 发盘终止的原因主要有(　　　)。

    A. 发盘的有效期满　　　　　　　　　B. 发盘被依法撤回或撤销

    C. 受盘人对发盘拒绝或还盘　　　　　D. 发盘人发盘后丧失行为能力

7. 根据《联合国国际货物销售合同公约》的规定，在(　　　)情况下发盘失效。

    A. 受盘人做出还盘

    B. 发盘人在发盘规定的有效期内撤销原发盘

    C. 发盘有效期届满

    D. 发盘被接受前，原发盘人丧失行为能力

8. 根据我国法律的规定，(　　　)不是一项具有法律约束力的合同。

    A. 通过欺骗对方签订的合同

    B. 采取胁迫手段订立的合同

    C. 我某公司与外商以口头形式订立的合同

    D. 走私物品的买卖合同

9. "你 10 日电我方接受，但支付条件由 D/P 改为 L/C 即期"，该电文是(　　　)。

    A. 有效接受　　　　　　　　　　　　B. 还盘

    C. 对原发盘的拒绝　　　　　　　　　D. 对发盘表示有条件的接受

    E. 实质性变更发盘条件

10. 我 A 公司向巴西 B 公司发出传真："急购巴西一级白砂糖 2 000 吨，每公吨 250 美元 CIF 广州，2018 年 2 月 20 日至 25 日装船。"巴西 B 公司回电称："完全接受你方条件，2018 年 5 月 1 日装船。"依照国际贸易法律与惯例，巴西 B 公司的回电属于(　　　)。

    A. 还盘　　　　　　　　　　　　　　B. 一项新的发盘

    C. 无效接受　　　　　　　　　　　　D. 有效接受

五、判断题

1. 邀请发盘对双方有约束力。 （ ）

2. 若发盘未规定有效期，则受盘人可以在任何时间内表示接受。 （ ）

3. 根据《联合国国际货物销售合同公约》，规定了有效期的发盘一旦送达受盘人，在有效期限内发盘人不得撤销该发盘。 （ ）

4. 根据《联合国国际货物销售合同公约》的规定，一项发盘发出后可以撤回，其条件是，发盘人的撤回通知必须在受盘人发出接受通知之前送达受盘人。 （ ）

5. 询盘、发盘和接受是洽商交易不可缺少的步骤。 （ ）

6. 在交易磋商过程中，发盘是卖方做出的行为，接受是买方做出的行为。 （ ）

7. 询盘又称询价，即一方向交易的另一方询问价格。 （ ）

8. 在报刊上刊登的广告实际上是一项有效的发盘。 （ ）

9. 发盘必须明确规定有效期，未规定有效期的发盘无效。 （ ）

10. 根据《联合国国际货物销售合同公约》的规定，受盘人可以在发盘有效期内用开立信用证这一行为表示接受。 （ ）

六、案例分析题

1. 我国某公司与某外商洽谈进口交易一宗，经往来电传磋商，就合同的主要条件全部达成协议，但在最后一次我方所发的表示接受的电传中列有"以签订确认书为准"。事后对方拟就合同草稿，要我方确认，但由于对某些条款的措辞尚待进一步研究，故未及时给予答复。不久，该商品的国际市场价格下跌，外商催我方开立信用证，我方以合同尚未有效成立为由拒绝开证。试分析我方的做法是否有理。

2. 我国某公司与国外洽谈一笔丝绸产品的交易，经过双方对交易条件的磋商之后，已就价格、数量、交货期等达成协议，我方公司于是在3月8日致电对方："确认售与你方丝绸产品数量为××，请先电汇5%的货款。"对于于3月11日复电："确认你方电报，条件按你方电报规定，已汇交你方银行××万美元，该款在交货前由银行代你方保管……"

请问：该合同是否成立？并简述理由。

3. 我国某外贸公司3月1日向美商发去电传，发盘供应某农产品1 000公吨并列明"牢固麻袋包装"。美商收到我方电传后立即复电表示"接受，装新麻袋装运"，我方收到上述复电后即着手备货，准备于双方约定的4月份装船，两周后，某农产品国际价格猛跌，美商于6月20日来电称："由于你方对新麻袋包装的要求未予确认，双方之间无合同。"而我方坚持合同已有效成立，双方发生争执。试评析此案。

七、实操题

1. 请将下面的贸易磋商程序翻译成中文。

inquire （　　　　　　　） offer（　　　　　　　） counter offer （　　　　　　　　）

acceptance（　　　　　　　） late acceptance（　　　　　　　）

2. 甲公司收到国外客户乙公司针对该公司 7 月 10 日的函电回复如下："You cable 10th counter offer till 26th our time USD 165.00 per M/T CIF New York." 请问上述内容是贸易磋商的( )环节。

3. "Offer Chinese rosin WW grade iron drum 100 M/T USD 200.00 PER M/T CFR London May shipment irrevocable sight L/C reply here 20th." 请问上述内容是贸易磋商的( )环节。

第三章　合同标的物条款

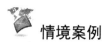

学习目标

- 掌握商品品名、品质的表示方法。
- 掌握商品包装的分类和内容。
- 掌握商品数量的表示方法和内容。
- 掌握订立品名、品质、包装、数量条款的方法。

第一节　品名和品质条款

情境案例

　　夏利草拟了销售合同后，为了稳妥起见，让红姐帮忙看看合同有无错漏之处。红姐十分热心，在看了夏利的合同后，就合同标的物条款部分，标注出有问题的地方，并让夏利把合同拿回去修改。夏利返回自己的座位后，马上联系客户洽谈细节，并动手修改合同。他不得不佩服红姐，并暗暗庆幸，幸亏红姐找出了合同中存在的问题。

　　以下是红姐标注出来的问题。

---

1. 货号：7756

Article No.：Style No.7756

2. 品名及规格：男士衬衣；材质：纯棉；颜色：白色

Description & Specification：Men's shirt；Material：Cotton；Color：White

3. 数量：3 000 件

Quantity：3 000 pieces

4. 单价：16 美元/件，CIF LONDON,UK

Unit Price：USD16/PC CIF LONDON,UK

5. 总值：USD48 000

数量及总值均有 __0__ %的增减，由卖方决定。

Total Amount：SAY USD FORTY EIGHT THOUSAND ONLY

With __0__ % more or less both in amount and quantity allowed at the sellers option.

6. 生产国和制造厂家：中国

Country of Origin and Manufacturer：China

7. 包装：10 件/箱，纸箱型号：56cm×40cm×45cm

Packing： 10 pieces / carton   Size： 56cm×40cm×45cm

8. 唛头：Miracle Trading Co.

Shipping Marks：2018BJMS001

Style No.7756

LONDON

1-3000

 情境问答

亲爱的同学们，请根据自己的初步认知，思考并回答以下问题。

① 你觉得红姐标注的地方确实存在问题吗？请试着帮助夏利修改。

答：_____

_____

_____

② 如果夏利用之前拟订的合同与 Miracle 公司最终签约，会出现什么问题？

答：_____

_____

_____

 理论认知

一、商品的品名条款

(一)商品品名的含义

商品品名(Name of Commodity)也称货物描述(Description of Goods)，是指合同中所列明的买卖商品的具体称谓。它在一定程度上体现了商品的自然属性、用途以及主要的性能特征，起到区分货物的作用。在买卖合同中，商品品名即交易双方之标的物，因此，品名条款又称标的物条款。

(二)商品品名的意义

根据《联合国国际货物销售合同公约》的规定，对交易标的物(商品品名)的具体描述，是构成货物描述的主要组成部分，是买卖双方交接货物的一项基本依据。若卖方交付的货物不符合约定的品名或说明，买方有权提出损害赔偿要求，甚至拒收货物或撤销合同。

(三)商品品名的命名方法

以商品的主要用途命名,如跑步鞋、衣柜、抽油烟机、自行车等。

以商品的主要成分或材质命名,如玻璃杯、羊绒衫、帆布包、铁锅等。

以商品的产地命名,如茅台酒、宣威火腿、石湾陶瓷、东莞腊肠等。

以人物的名字命名,如中山服、孔府家酒、邓老凉茶、张小泉剪刀等。

以商品的制作工艺命名,如蒸馏水、压榨花生油、二锅头、景泰蓝等。

以褒义词命名,如好爸爸洗衣液、金利来领带、旺旺雪饼、富康汽车等。

(四)商品命名的注意事项

商品命名一般需要注意以下事项。

(1) 一般商品只要列明品名即可,但有的商品(如有不同的型号、品种或等级)为明确起见,可以把具体型号、品种或等级的概括性描述也包括进去。下面举例说明。

① 只列明商品品名的条款。

品名:东北大豆

Name of Commodity:Northeast Soybean

② 包含规格、等级的商品品名条款。

货物描述:东北大豆,含油量最低 18%,水分最高 15%,杂质最高 1%,不完善粒不超过 9%。

Description of Goods:Northeast Soybean, Oil Content 18% Min., Moisture 15% Max., Admixture 1% Max., Imperfect Grains 9% Max.

货物描述:索尼电视机,型号 KLV-52X200A。

Description of Goods:Sony Television, Model No.KLV-52X200A.

货物描述:床单,货号 DS-09 100%棉。

Description of Goods:Bed Sheets, Art. No.DS-09 100% Cotton.

(2) 品名条款的描述应明确具体,切实反映交易标的物的特点,避免含糊不清或过于笼统空泛。例如,仅写服装、食品、电器等,这些描述都太笼统,没有反映标的物的特点,容易给合同的履行带来麻烦。

(3) 尽可能使用国际通用名称,中英文兼备。关于商品品名的国际通用名称,可参考 HS 编码。

我国贸易中常见商品中英文名称对照如表 3.1 所示。

表 3.1 我国贸易中常见商品中英文名称对照

英文名称	中文名称	英文名称	中文名称
Mosquito Net	蚊帐	Stainless Steel Pan	不锈钢锅
Electric Rice Cooker	电饭煲	Computer Case	电脑机箱
Leather Jacket	皮夹克衫	Glass Thermos Bottle	玻璃保温瓶
Parking Sensor	倒车雷达	Projector	投影机
Black Tea	红茶	Herbal Tea	花茶

HS 编码

HS 编码为编码协调制度的简称,其全称为"商品名称及编码协调制度的国际公约"(International Convention for Harmonized Commodity Description and Coding System)。

HS 编码协调涵盖了《海关合作理事会税则商品分类目录》(CCCN)和联合国的《国际贸易标准分类》(SITC)两大分类编码体系,是系统的、多用途的国际贸易商品分类体系。它除了用于海关税则和贸易统计外,对运输商品的计费、统计、计算机数据传递、国际贸易单证简化以及普遍优惠制税号的利用等方面,都提供了一套可使用的国际贸易商品分类体系。

从 1992 年 1 月 1 日起,我国进出口税则采用世界海关组织《商品名称及编码协调制度的国际公约》,该制度是一部科学的、系统的国际贸易商品分类体系,采用六位编码,适用于税则、统计、生产、运输、贸易管制、检验检疫等多个方面。目前,全球贸易量 98%以上使用这一目录,已成为国际贸易的一种标准语言。我国进出口税则采用十位编码,前八位等效采用 HS 编码,后两位是我国子目,它是在 HS 分类原则和方法基础上,根据我国进出口商品的实际情况延伸的两位编码。

(4) 如果一种商品可以有不同的名称,选择有利于降低关税或运费的名称作为合同的品名。

例如,如果要往美国出口家具,品名写"板式拆装家具"(Furniture K.D. (Knock Down)),税率是 8%,如果品名仅写"家具"(Furniture),税率为 15%。

二、商品的品质条款

(一)商品品质的含义

商品品质(Quality of Commodity / Quality of Goods),是指商品的内在质量和外观形态的综合。商品的内在质量一般是指气味、滋味、成分、性能、组织结构等属性。商品的外观形态是指外形、款式、大小、颜色、光泽和透明度等。例如,对于服装来说,内在质量是指衣服的材质(含棉量、含绒量等参数),外观形态是指衣服的颜色、尺码、版型、款式等。

合同中的品质条件是构成商品说明的重要组成部分,是买卖双方交接货物的依据。另外,商品的品质还决定了商品的价格,在国际贸易中,买卖双方都会按质计价。因此,在市场竞争十分激烈的今天,商品品质起着十分重要的作用,可以毫不夸张地说,商品的品质就是企业的生命。

(二)商品品质的意义

根据《联合国国际货物销售合同公约》的规定,卖方所交的货物必须符合约定的质量,如果卖方所交货物不符合约定的品质条件,买方有权要求损害赔偿,也可要求修理或者交付替代货物，甚至拒收货物和撤销合同。

(三)商品品质的表示方法

由于交易的货物种类繁多，加上交易习惯各不相同，故表示品质的方法多种多样，概括起来主要分为两大类：以实物表示品质和以文字说明表示品质，如表 3.2 所示。

表 3.2　商品品质的表示方法

以实物表示	以文字说明表示
看货买卖	凭规格、等级买卖
凭样品买卖	凭标准买卖
①凭卖方样品买卖	凭品牌或商标买卖
②凭买方样品买卖	凭产地名称买卖
③凭对等样品买卖	凭说明书、图样买卖

1. 以实物表示商品品质

1) 看货买卖

看货买卖(Sale by Actual Quality)，是指买卖双方根据成交商品的实际品质进行交易。一般是买方或其代理人现场验视货物，如果认为商品符合他们的购买要求，就与卖方达成交易。这种方式多用在拍卖、展卖或寄售的业务中，如买卖珠宝、字画、古董等具有独特性质的商品。

◎想一想

A 公司有一批言明为降价品的冷冻肉，欧洲商人看货后决定购买。但货到欧洲 2 个月后，欧洲商人发现冷冻肉变质了，遂要求退货。

请问：A 公司应该满足欧洲商人的退货要求吗？为什么？

2) 凭样品买卖

凭样品买卖(Sale by Sample)，是指买卖双方按约定的足以代表实际货物的样品，作为交货的品质依据的交易。例如，有些商品在造型上有特殊要求，或商品的品质很难用文字描述清楚，就可以凭实物样品来进行交易，如服装、纺织品、土特产、工艺美术品等。

在国际贸易实务中，单纯凭样品成交的情况不多。凡是能用科学的指标表示商品质量的，不宜采用凭样品买卖。

样品(Sample)，是指从一批商品中抽出来的或由生产、使用部门设计、加工出来的，足以反映和代表整批货物质量的少量实物。

凭样品买卖可分为三种类型：凭卖方样品买卖、凭买方样品买卖和凭对等样品买卖。

(1) 凭卖方样品买卖(Sale by Seller's Sample)，是指凭卖方提供的样品磋商交易和订立合同，并以卖方样品作为交货品质的最后依据。凭卖方样品买卖，要求卖方日后所交付的货物的品质，必须与其提供给买方确认时的样品品质一样。一般合同中会注明："品质以卖方样品为准"(Quality as per Seller's Sample)。

凭卖方样品买卖需要注意以下三点。

① 凭样品买卖时，为了有利于将来组织生产、交货或处理品质纠纷，样品要留样(Keep Sample)或留有复样(Duplicate Sample)，并在原样和留样上做好编码和日期标注，方便查找。

② 对于合同中的品质要求条款，要尽量留有余地，以避免买方因细微品质差异而拒收货物或索赔。例如，可在合同中做出弹性的规定："品质与样品近似 / 品质与样品大致相同"(Quality to be similar / nearly same to the sample)。

③ 严格区分参考样品 (Reference Sample) 和标准样品 (Type Sample)。参考样品是指买卖双方为了发展彼此的贸易关系而采用相互寄送，供对方了解的商品，不作为成交或交货的品质依据。参考样品在寄送时要注明"仅供参考"字样。标准样品是指交易中样品已经得到双方同意或确认，即成为交货时的品质依据，卖方必须承担交货时与品质一致的责任。如合同中无特殊说明，一般来说，样品指标准样品。

(2) 凭买方样品买卖 (Sale by Buyer's Sample)亦称"来样成交"或"来样制作"，是指凭买方提供的样品磋商交易和订立合同，并以买方样品作为交货品质的最后依据。

凭买方样品买卖需要注意以下三点。

① 买方提供的样品，必须是合乎相关法律法规、社会公共道德等的样式和图案。

② 卖方在确认买方提交的样品之前，要充分考虑生产此种样品所需要的设备、原料、生产技术与生产时间。如考虑不周，就有可能给日后的交货造成困难，甚至出现违约的风险。

③ 根据《联合国国际货物销售合同公约》第四十二条规定，若卖方按照买方提供的技术图样、规格等进行生产和交货，而第三方根据工业产权或其他知识产权要求任何权利或其他要求时，卖方可不负责任。

(3) 凭对等样品买卖 (Counter Sample)，是指卖方根据买方提供的样品，加工复制出一个类似的样品交买方确认，这种经确认后的样品就成为对等样品。

2. 以文字说明表示商品品质

以文字说明表示商品品质，即以文字、图表、图片等方式来说明成交商品的品质。它可以分为以下几种情况。

1) 凭规格买卖

凭规格买卖(Sale by Specification)，是指买卖双方在交易中用规格来表示商品品质。规格，即用于反映商品品质的若干主要指标，如成分、含量、纯度、性能、容量、大小、长短、粗细等。该种方法比较方便、准确，在国际贸易中应用最为广泛。例如，服装中的成分为：80%棉，20%聚酯纤维；尺码分为：XS, S, M, L, XL, XXL…

2) 凭等级买卖

凭等级买卖 (Sale by Grade)，是指买卖双方在交易中以商品的等级表示商品品质。等级，是指同一类商品按其品质的差异或重量、大小、成分、外观、效能等的不同，用文字、数字或符号所作的分类。为了便于履行合同和避免争议，在品质条款中列明等级的同时，最好一并规定每一等级的具体规格。

例如，泰国大米标准根据大米的长度分为以下四种。

特长型：7 毫米以上；

长　型：6.6～7 毫米；

中　型：6.2～6.6 毫米；

短　型：6.2 毫米以下。

3) 凭标准买卖

凭标准买卖 (Sale by Standard)，是指买卖双方在交易中以商品的标准表示商品品质。所谓标准，是由标准化组织、政府机关、行业团体或商业团体等统一制定和公布的规格或等级。世界各国一般都制定有国家标准。例如，欧洲的 E-mark 是汽车安全认证标准；中国的 3C 是产品安全强制认证标准；国际标准化组织 ISO 标准里有《ISO14000 系列标准》(有关环境管理的系列标准)《ISO9000 系列标准》(有关质量管理与质量保证体系的系列标准)。

在国际贸易中，对于某些品质变化较大而难以规定统一标准的农副产品，往往采用"良好平均品质"(Fair Average Quality，FAQ)这一术语来表示其品质。所谓"良好平均品质"，是指一定时期内某地出口货物的平均品质水平，一般是指中等货而言。在我国实际业务中，FAQ 即指"大路货"。

与 FAQ 相对应的，还有"上好可销品质"(Good Merchantable Quality，GMQ)，是指货物的品质良好，可以销售。在国际上，有些商品没有公认的规格和等级，如冷冻鱼、冻虾等，有时卖方交货品质只需保证所交商品在品质上具有"商销性"即可。由于这种表示方法的含义笼统，难以掌握，一般只适用于木材或冷冻鱼类等物品。我国在对外贸易中很少使用该方法。

4) 凭品牌或商标买卖

凭品牌或商标买卖 (Sale by Brand Name or Trade Mark)，是指买卖双方在交易中用商品的商标或品牌表示商品品质。有些商品的品质稳定，在国际市场上已经树立了良好的商业信誉，其商标、牌号本身就代表了一定的质量水平，可以用来表示商品品质。这种表示方法主要用于日用消费品、加工食品、耐用消费品等。

5) 凭产地名称买卖

凭产地名称买卖(Sale by Origin)，是指买卖双方在农副土特产品的交易中，以产地名称来表示商品品质。之所以可以采用这种方法，是因为有些农副土特产品受产地的自然条件和传统加工工艺的影响较大，其品质优异，具有特色，用产地名称就可以说明其品质、信誉，如贵州茅台、浙江金华火腿、广东阳江十八子等。

◎ 想一想

广东省新会县历来盛产橘子，并形成了一种优质品种，称为新会柑。新会柑品质上乘，一直享誉东南亚地区。新会县出口公司曾与某港商订立了一项向中国香港出口大宗柑皮的合同，合同的品质条款仅规定"新会种柑皮"。货物交收后，港商提出异议，称这柑皮不是新会县当地出产的，因为他已派人调查了全县所有产地，即使用全县生产的所有柑子也无法剥出这么多皮。

我方出口公司解释说，合同仅规定"新会种柑皮"，只要是新会"品种"的柑皮就符合合同规定。对方认为，合同规定"新会种柑皮"必须是在新会县当地"种"植的柑皮才符合合同要求，双方各持己见。最终，中方为维持双方业务关系赔偿港商以了结此案。

请问：出口柑皮的合同，为什么会出现这样的纠纷？我方的处理是否得当？

6) 凭说明书、图样买卖

凭说明书、图样买卖(Sale by Illustration)。在国际贸易中，有些机器、电器和仪表等技术密集型产品，因其结构复杂，对材料和设计的要求非常严格，用于说明其性能的数据较多，很难用几个简单的指标来表明其品质。对这类商品，一般用说明书并附以图样、照片以及各种数据来表示商品品质。

例如，合同中可以这样约定：Sony Television, Model No.KLV-52X200A, detailed specifications as attached description and illustrations. 索尼电视机，型号 KLV-52X200A，详细规格如所附说明书及图样。

(四)品质条款的主要内容

一般品质条款的基本内容包括商品品名、规格、等级、标准、品牌等信息，并根据不同的交易情况另附具体说明。如果凭样品买卖，需要再列明样品的编号和寄送日期。

在实际贸易中，由于产品自身特性、生产加工条件、运输条件或气候等因素影响，卖方所交付的商品品质具有不稳定性。为保证合同顺利履行，避免因交货品质与合同稍有不符而造成违约，应灵活约定品质条款，如约定品质公差或品质机动幅度。

1. 品质公差条款

品质公差(Quality Tolerance)，是指工业品生产中由于科学技术水平、生产水平及加工能力所限而产生的国际上公认的误差。只要在品质公差范围内，卖方的交货都是合法的，买方无权拒收。例如，手表的走时误差，允许 48 小时相差一秒。

2. 品质机动幅度条款

品质机动幅度(Quality Latitude)，是指对于某些初级产品，由于其质量不甚稳定，为了交易的顺利进行，允许卖方所交货物的品质指标在一定幅度内有灵活性变动。只要卖方所交货物品质在允许的幅度范围内，买方就无权拒收。

规定机动幅度的三种方法如下。

(1) 规定一定的范围，如色织条格布，宽度 41/42 英寸(Yarn-dyed Gingham, Width 41/42")，只要织布的宽度为 41~42 英寸，都算符合要求。

(2) 规定一定的极限，如活黄鳝，每条 75 克以上(Live Yellow Eel, 75g Min. per piece)。

(3) 规定一定的上下差异，如灰鸭毛，含绒量 90%，上下 1%(Grey Duck Feather, the content of feather is 90% allowing 1% more or less)。

想一想

广东某公司向日本出口一批苹果，合同规定是三级品，但到发货时才发现三级苹果库存告急，于是该出口公司以二级品交货，并在发票上加注："二级苹果仍按三级计价"。货抵买方后，遭买方拒绝。

请问：这种以好顶次的做法是否妥当？在上述情况下，买方有没有拒收的权利？为什么？

第二节　包　装　条　款

情境案例

夏利根据红姐指出的合同中的错漏之处修改了商品的材料后，去电 Jane Anderson 询问是否需要销售包装事宜。Jane Anderson 回电告知夏利 "need sales packing, 1 piece to a box (45cm×35cm×4cm, attached the illustration), 10 boxes to an export carton(56cm×40cm×45cm), use the brand: JEEP"。夏利收到 Jane Anderson 的邮件后，认真对比之前的合同条款，发现增加了新的内容。Jane Anderson 对包装提出的新要求是否合理，我们是否应当满足他们的要求，夏利觉得自己无法做出一个正确的定夺。同时，什么是出口包装他也搞不明白，所以夏利决定再次请教红姐。

情境问答

亲爱的同学们，请根据自己的初步认知，思考并回答以下问题。
① 你觉得 Jane Anderson 的要求是否合理，裕丰公司能否满足他们的要求？
答：＿＿＿＿＿＿＿＿＿＿＿＿＿＿＿＿＿＿＿＿＿＿＿＿＿＿＿＿＿＿＿＿＿
＿＿＿＿＿＿＿＿＿＿＿＿＿＿＿＿＿＿＿＿＿＿＿＿＿＿＿＿＿＿＿＿＿＿＿＿

② 销售包装是指什么？和运输包装有什么区别？运输包装应当包含什么内容？
答：＿＿＿＿＿＿＿＿＿＿＿＿＿＿＿＿＿＿＿＿＿＿＿＿＿＿＿＿＿＿＿＿＿
＿＿＿＿＿＿＿＿＿＿＿＿＿＿＿＿＿＿＿＿＿＿＿＿＿＿＿＿＿＿＿＿＿＿＿＿
＿＿＿＿＿＿＿＿＿＿＿＿＿＿＿＿＿＿＿＿＿＿＿＿＿＿＿＿＿＿＿＿＿＿＿＿

理论认知

一、包装的含义

包装（Packing），是指为了有效地保护商品品质的完好和数量的完整，采用一定的方法将商品置于合适容器的一种措施。它起到保护货物、便于运输、促进销售的重要作用。一般来说，商品包装应该包括商标或品牌、形状、颜色、图案、材料和产品标签等要素。

但是，在实际贸易中，除了绝大多数商品需要一定的包装外，有个别商品是不需要包装的，如散装货和裸装货。

散装货(Bulk Cargo)，是指不需要包装，散装在船甲板上或船舱中的大宗货物，主要为大宗的不易碰损的商品、不容易包装或不值得包装的商品，如煤、粮食、矿砂和石油等大宗散货。

裸装货(Nude Cargo)，是指将商品稍加捆扎或以其自身进行捆扎，主要为自然成件、品质稳定、难以包装或不需要包装的货物，如钢管、木材、车辆、游艇、大型机器设备等独立成件的货物。

二、包装条款的意义

包装条款(Parking Clause)是用来规定货物包装方式、包装材料、包装尺寸、包装费用和运输标志等方面的条款。根据《联合国国际货物销售合同公约》的规定，卖方交付的货物必须按照合同所规定的方式装箱或包装，如果合同没有规定包装方式，货物按照同类货物通用的方式装箱或包装，如果没有此种通用方式，则按照足以保全和保护货物的方式装箱或包装，否则视为与合同不符。

三、商品包装的种类

根据包装在流通过程中所起作用的不同以及国际贸易中的习惯做法，可以将包装分为销售包装、运输包装、中性包装、定牌与无牌包装。

(一)销售包装

销售包装(Sales Packing)，又称内包装(Inner Packing)、小包装(Small Packing)，是直接接触商品并随商品进入零售点和消费者直接见面的包装。它具有保护、美化、宣传商品和吸引消费者的作用。

销售包装的种类繁多，大致可分为如表 3.3 所示的几类。

表 3.3　销售包装的分类

	堆叠式包装 (Stacked Packing)	为了使商品在货架上叠摆既平又稳还省空间，在包装的底部和顶部设有交合部分，使上下堆叠时可以相互咬合，常见于罐装和盒装的商品
便于陈列展销的	挂式包装 (Hanging Packing)	是指一种可以在商店的货架上悬挂展销的包装，如一些食品、药品、纺织品等
	展开式包装 (Unfolded Packing)	是指将包装翻开以后，货物平放，能够直接取用的一种包装，一些食物、衣物都可采用这类包装

续表

	透明包装 (Transparent Packing)	是指商品包装有部分和全部是透明可见的，使消费者能够直观地部分或者全部地看到商品的真实面貌，从而在生理上产生一种"眼见为实"的信赖感，增强购买信心
便于识别的	开窗包装 (Windowed Packing)	是指在包装局部开一窗口，用玻璃纸或透明薄膜封闭，使商品最佳部位显示出来
	习惯包装 (Customary Packing)	是指一般企业、行业或客户惯用的包装方式
便于使用的	便携式包装 (Portable Packing)	一般是指方便随身携带的包装方式
	易开包装 (Pull Tab or Button Drown)	是指包装封口严密，但有特定开启部位。这种包装既能有效地保护商品的品质，又能方便消费者使用，如易拉罐、易开瓶等
	喷雾包装 (Aerosol Packaging)	是指整体的、装有阀门的包装，按动阀门开关或挤压软质容器壁，就可以控制的方式喷射出雾状液体商品，如杀虫剂、香水、发胶、清洁剂等
	配套包装 (Set Package)	是指为满足消费者追求事物完美和配套的愿望而将品种相同、规格不同或品种不同、用途相关的数件产品搭配在一起的包装，如将乒乓球、乒乓球拍和球网放在一起的包装
	复用包装 (Again Used Packaging)	是指包装容器中的内容物用完之后还可以作其他用途的包装，如杯状酒瓶可以用来喝茶，糖果包装可做儿童玩具
	礼品包装 (Gift Packing)	是指采用了适合于送礼用的包装

销售包装一般包括条形码、标签和销售包装附件。

(1) 条形码(Bar Code)：是指由一组规则排列的条、空及相应字符组成的标记。它表示特定的信息，是利用光电扫描阅读设备为计算机输入数据的特殊的代码语言。它是商品的"身份证"。通用商品条形码一般由前缀部分、制造厂商代码、商品代码和校验码组成。商品条形码中的前缀码是用来标识国家或地区的代码，赋码权在国际物品编码协会。例如，00、09分别代表美国、加拿大；45、49代表日本；69代表中国大陆，471代表中国台湾地区，489代表中国香港特区。

(2) 标签(Label)：是指用于说明商品的成分、品质特点、功能、使用方法及生产日期等项内容的小纸片或小布片。例如，药物标签，会注明药物成分、功效和服用方法。

(3) 销售包装附件(Sales Packing Accessory)：依据不同商品的不同特点而使用不同的包装附件，可以美化商品，增强商品的吸引力。例如，常见的吊牌、丝带、衬垫等。

(二)运输包装

运输包装(Transport Packing)，又称大包装(Big Packing)、外包装(Outer Packing)，是指将货物装入特定容器，或以特定方式成件或成箱地包装。它的主要作用是保护商品、便于运输、方便储存、便于计数等。

1. 运输包装的种类

运输包装可分为如表 3.4 所示的几类。

表 3.4 运输包装的种类

按包装方式划分	单件运输包装(Unit Outer Packing)：是指在运输过程中作为一个计件单位的包装
	集合运输包装(Assemblage Outer Packing)：是指将若干个单件包装组合成一个大包装。它主要包括集装包/袋(Flexible Container)、集装箱(Container)和集装架/托盘(Pallet)
按包装造型划分	箱(Case)、袋(Bag)、包(Bale)、桶(Drum, Barrel)和捆(Bundle)
按包装用材划分	纸质(Paper)、金属(Metal)、木制(Wood)、塑料(Plastic)、麻制品(Jute)、竹(Bamboo)、柳(Willow)、草制品(Straw)、玻璃制品(Glass)和陶瓷 (Ceramic)包装等

2. 运输包装的标志

为了便于识别货物、核对单证，需要在商品的运输包装上刷制一定的标志。运输包装的标志按其作用的不同可分为三种，如表 3.5 所示。

表 3.5 运输包装的标志分类

运输标志(也称唛头)(Shipping Mark)	是指书写、压印或刷制在外包装上的由几何图形、文字和数字组成的符号。运输标志通常包括以下内容。 ① 收货人 ② 目的港(地) ③ 参考号(如合同号、发票号等) ④ 件号
指示性标志(Indicative Mark)	是指在商品的储运过程中，根据商品的特性提出应注意的事项，并用醒目的图形和文字印刷在商品的外包装上，如"小心轻放""防止潮湿"等
警告性标志(Warning Mark)	是指在易燃、易爆、有毒、有放射性等危险品的运输包装上，用醒目的图形和文字标明的规定用于各类危险品的标志，警告有关人员采取必要的防护措施，以保证人员与货物的共同安全

其中，运输标志(唛头)样例如图 3.1 所示。

ABC CO. 1234 SAN FRANCISCO NO.1/100	① 收货人名称缩写 ② 参考号(如运单号，订单号或发票号) ③ 目的地名称或代码 ④ 件号及件数

图 3.1 运输标志(唛头)样例

按照国际贸易的惯例，运输标志可以由卖方提供，并且可以不在合同中做出具体规定。如果由买方提供，应在合同中规定，买方设计出唛头后应及时通知卖方以免影响备货、出运和结汇等一系列工作。

◎ **想一想**

国内某出口公司与美国某公司达成一项出口交易，合同指定由我方提供唛头，因此，我方在备货时就将唛头刷好。但在货物即将装运时，国外开来的信用证上又指定了唛头。

请问：在此情况下，我方应如何处理？

◎ **知识链接**

指示性标志部分样例如图3.2所示。

图3.2 指示性标志样例

◎ **知识链接**

警告性标志部分样例如图3.3所示。

图3.3 警告性标志样例

(三)中性包装、定牌与无牌包装

中性包装(Neutral Packing)，是指既不标明生产国别、地名、厂商和名称，也不标明商标或牌号的包装。其作用是有助于避开进口国家或地区的关税壁垒和非关税壁垒等一些歧视性、限制性甚至敌对性的贸易政策和贸易保护措施，从而扩大出口。

中性包装包括定牌中性包装和无牌中性包装两种。

定牌中性包装(Neutral Packing with Designated Brand)，是指包装上仅有买方指定的商标或品牌，但无生产地名和厂商名称。

无牌中性包装(Neutral Packing without Designated Brand)，是指包装上既无生产地名和厂商名称，又无商标、品牌。

四、包装条款的注意事项

合同中的包装条款，主要包括包装材料、包装方式、包装费用和运输标志等内容。

订立包装条款时应当注意以下五点。

(1) 对包装的规定要明确具体。一般不宜采用"海运包装"和"习惯包装"之类的术语，因为太过笼统。

(2) 明确包装费用由谁负担。

(3) 出口包装要遵循进口国对包装的有关规定和惯例。比如，包装材料和衬垫物的选用。日本、加拿大、毛里求斯及欧美各国，禁用稻草、干草和报纸等做包装衬垫物；英国限制用玻璃、陶瓷等材料制造包装；不少国家对食品、药品、服装等进口商品的销售包装也有特殊规定。

(4) 尊重进口国文化习俗和宗教礼仪，避免包装上的忌讳文字或图案。

(5) 慎重考虑定牌中性包装问题。注意买方指定的商标是否存在侵权行为。例如，可要求买方提供商标使用授权书。

第三节 数 量 条 款

情境案例

红姐告诉夏利，合同条款的拟订一定要尽可能严谨，尽量不要出现含糊不清的地方，否则将会引发贸易纠纷。所以夏利在修改合同的过程中，发现原来签订的合同中有这样一条条款"总值: USD48 000   数量及总值均有__0__%的增减，由卖方决定。Total Amount: SAY USD FORTY EIGHT THOUSAND ONLY   With __0__% more or less both in amount and quantity allowed at the sellers's option."而他翻阅了公司以前的销售合同，发现在一些合同中，有的数量条款里写明了具体的成交数量，有的则写有"约""大概"等字样，甚至还有的附上了数量增减的百分比。例如，大米 500 公吨，麻袋装，以毛作净，5% 溢短装，由卖方选择，按合同价格计算。Quantity: 500 metric tons rice, in gunny bag, gross for net, 5% more or less at seller's option, by nominal contract price. 夏利看了觉得有些困惑，那他们之前跟 Jane Anderson 签订的合同，数量条款有没有问题呢？于是，夏利又去请教红姐了。

 情境问答

亲爱的同学们，请根据自己的初步认知，思考并回答以下问题。

① 你觉得夏利他们公司和 Jane Anderson 签订的合同条款中的数量条款是否合理？为什么？

答：_____

_____

_____

② 为什么有的商品在签订数量条款时，需要规定一个上下浮动的百分比？

答：_____

_____

_____

 理论认知

一、商品的数量及数量条款的含义

商品的数量(Quantity of Goods)，是指以一定度量衡单位表示的货物重量、个数、长度、面积、宽度等。

合同中的数量条款，其基本内容是规定交货的数量和使用的计量单位。如果是按重量计算的货物，还要规定计算重量的方法，如毛重、净重、以毛作净、公量等。

二、数量条款的意义

根据《联合国国际货物销售合同公约》的规定，按约定的数量交付货物是卖方的一项基本义务。如果卖方交货的数量大于约定的数量，买方可以拒收多交部分，也可以收下多交部分中的一部分或全部，但同时应按合同价格付款。如果卖方交货数量少于合同的约定数量，卖方应在规定的交货期届满前补交，但不得使买方遭受不合理的不便或承担不合理的开支；即使如此，买方也有保留要求损害赔偿的权利。

三、商品计算数量的单位

(一)度量衡制度

在国际贸易中，常见的度量衡制度有以下四种。

(1) 公制(The Metric System)。

(2) 美制(The U.S. System)。

(3) 英制(The Britain System)。

(4) 国际单位制(International System of Units)。

我国采用的是以国际单位制为基础的法定计量单位。

(二)计量单位

常用的计量单位如表 3.6 所示。

表 3.6　常用的计量单位

重量 (Weight)	个数 (Number)	长度 (Length)
公吨(M/T)	件(piece)	米(meter)
千克(kg)	套(set)	英尺(foot)
磅(lb)	打(dozen)	码(yard)
盎司(oz)	卷(roll)	
面积 (Area)	**体积 (Volume)**	**容量 (Capacity)**
平方米(square meter)	立方米(cubic meter)	升(liter)
平方英尺(square foot)	立方英尺(cubic meter)	加仑(gallon)
平方码(square yard)	立方码(cubic meter)	蒲式耳(bushel)

四、商品计算重量的方法

(一)按毛重计算

毛重(Gross Weight)，是指商品本身的重量与内、外包装重量之和。一般适用于低价商品。

(二)按净重计算

净重(Net Weight)，是指货物本身的实际重量，等于毛重减去皮重。在国际货物买卖合同中，未明确规定采用何种方法计算重量和价格时，按照惯例，应按净重计量和计价。对于有些价值较低的农产品或其他商品，有时也以毛重当作净重计价，通常把这种方法称为"以毛作净"。例如，核桃 100 公吨，单层麻袋包装，以毛作净(Gross for Net)。

(三)按公量计算

公量(Conditioned Weight)，即以商品的干净重加上国际公定回潮率与干净重的乘积所得出的重量。国际贸易中的棉花、羊毛、生丝等商品有较强的吸湿性，其中所含的水分受客观环境影响较大，故其重量很不稳定。为了准确计算这类商品的重量，国际上通常采用按公量计算的办法。其计算公式有以下两种：

$$公量=商品干净重×(1+公定回潮率)$$
$$公量=商品净重×(1+公定回潮率)÷(1+实际回潮率)$$

式中，商品干净重为商品烘去水分以后的重量。实际回潮率=实际水分÷干量。

◉ **想一想**

某厂出口生丝10公吨，双方约定标准回潮率是11%，用科学仪器抽出水分后，生丝净重8公吨。

请问：某厂出口生丝的公量是多少？

(四)按理论重量计算

理论重量(Theoretical Weight)，是指对一些按固定规格和尺寸买卖的商品，只要其每件重量大致相等，就可以通过单件重量与总件数来推算出总重量，由此而得出的重量称为理论重量。适用理论重量计重的商品有马口铁、钢板等。

(五)按法定重量计算

法定重量(Legal Weight)，是指商品本身的重量与直接接触商品的包装物料的重量之和，即纯商品的重量+内包装的重量。通常在某些国家海关征收从量税时使用这种计量方法。

五、数量的机动幅度

凡是做出数量机动幅度条款的合同，卖方交货时只要在该机动幅度内，即为按合同规定数量交货，买方不得以交货数量与合同不符为由拒收货物或提出索赔。因此，为了合同的顺利履行，买卖双方可以约定数量的机动幅度，便于卖方灵活掌握交货数量。

(一)数量机动幅度条款

数量机动幅度条款也称溢短装条款(More or Less Clause)，是指在合同中规定卖方交货的实际数量与合同规定数量的差异不得超过的范围或幅度。

使用溢短装条款应注意以下三点。

(1) 溢短装条款的比例要适当。溢装，即允许多交的百分比；短装，即允许少交的百分比。

(2) 溢短装条款选择权的规定要合理。选择权，即约定何方有权决定多交或少交。可以根据具体情况的不同，或是由卖方决定(at the seller's option)；或是在买方派船装运时，

由买方决定(at the buyer's option)；又或是在租船运输时，由承运人决定(at the carrier's option or at the ship's option)。

(3) 溢短装的计价方法应公平合理。对于溢短装的计价，若按合同价格计价，交货时市价下跌，多装对卖方有利；市价上升，多装对买方有利。因此，为了防止有权选择多装或少装的一方当事人利用行市的变化，有意多装或少装以获取额外的好处，也可以在合同中规定，多装或少装的部分不按合同价格计价，而按装船或到货时的市场价格计算，以体现公平合理的原则。

(二)约量条款

约量条款(About or Approximate Clause)，是指在交货数量前加一个"约"字，表明其为约量。但由于约量的大小在国际上并未达成共识，所以在合同中应尽量避免使用。一般来说，如果买卖双方在合同中没有明确规定数量机动幅度的情况下，卖方交货的数量原则上应与合同规定的数量完全一致。

但如果合同的履行是用信用证来结算的，则可以用约量。《跟单信用证统一惯例》(UCP 600)中规定：凡出现"约""大约"或类似词语，可解释为不超过10%的增减幅度。

特别针对散装货物，《UCP 600》规定：除非信用证规定货物的数量不得增减外，在不超过信用证金额的条件下，散装货物可有5%的增减幅度，但是，当规定数量以单位或个数计数时，此项增减幅度则不适用。

六、违反数量条款的责任与后果

根据《联合国国际货物销售合同公约》的规定：如果卖方交货数量多于约定数量，买方可以拒收多交部分，也可以收下多交部分中的一部分或全部；如果卖方实际交货数量少于约定数量，卖方应在规定的交货期届满前补交，但不得使买方遭受不合理的不便或承担不合理的开支；即使如此，买方也有保留要求损害赔偿的权利。

◉ 想一想

某出口公司向英国出口电视机1 000台，信用证规定不允许分批装运。但在装船时，发现有30台严重损坏，临时更换又来不及。为保证质量起见，业务人员认为根据《UCP 600》规定，即使信用证未规定溢短装条款，数量上仍允许有5%的增减，故决定少交30台电视机，即少交3%。结果，遭银行拒付货款。

请问：为什么银行会拒付货款？

 实训项目

1. 为小组选定的商品命名，并选择合适的商品质量表示方法。
2. 在拟订的合同条款中写明商品名称和商品质量。

3. 根据成交的商品数量，在合同中拟订合适的数量条款。

4. 根据商品选择合适的包装，并在合同条款中拟订。

练　习　题

一、名词解释

品名　品质　对等样品　FAQ　GMQ　公量　以毛作净

二、填空题

1. 商品品质是指商品的_____和_____的综合。

2. 商品品质的表示方法分为以_____表示品质和以_____表示品质。

3. 根据包装在流通过程中所起作用的不同以及国际贸易中的习惯做法，可以将包装分为_____、_____、_____、_____与_____包装。

4. 品质机动幅度是指对于某些初级产品，由于其质量不甚稳定，为了交易的顺利进行，允许_____在一定幅度内有灵活性变动。

5. 数量机动幅度条款也称为_____，是指在合同中规定卖方交货的实际数量与合同规定数量的差异_____。

三、单项选择题

1. 某美国客商到我国一家玩具厂参观之后对该厂的部分产品很感兴趣，于是立即签订购买合同，批量购买他所见到的那部分产品，决定按实物样品作为合同中交收货物的品质要求。这种表示品质的方法是(　　)。

　　A. 看货购买　B. 凭卖方样品　C. 凭买方样品　D. 凭对等样品

2. 凭样品买卖时，如果合同中无其他规定，那么卖方所交货物(　　)。

　　A. 可以与样品大致相同　　　　B. 必须与样品完全一致

　　C. 允许有合理公差　　　　　　D. 允许在包装规格上有一定幅度的差异

3. 外商在收到我方寄送的样品后，来电表示愿意按我方所提交易条件成交，并嘱咐签订销售合同。我方在合同内详细列出该商品的品质规格，经对方签字后寄回无误。我方按约装船，忽然接到对方来电："你方所装货物品质是否与样品相符。"我方的正确答复应该是(　　)。

　　A. 我方所装货物品质与样品相符

　　B. 我方所装货物品质与样品大致相符

　　C. 我方所装货物品质与样品完全相符

　　D. 我方所装货物品质以合同为准，样品仅供参考

4. 对等样品也称为(　　)。

A. 复样   B. 回样   C. 卖方样品   D. 买方样品

5. 在国际贸易中，造型上有特殊要求或具有色香味方面特征的商品适合于( )。

A. 凭样品买卖   B. 凭规格买卖   C. 凭等级买卖   D. 凭产地名称买卖

6. ( )可以采取"以毛作净"的方式计算。

A. 裘皮   B. 矿石   C. 珠宝   D. 蚕豆

7. 进口羊毛计算重量的方法，一般采用( )。

A. 理论重量   B. 公量   C. 毛重   D. 以毛作净

8. 按合同中的数量，卖方在交货时可溢交或短交百分之几，这种规定叫( )。

A. 数量增减价条款   B. 品质机动幅度条款

C. 溢短装条款   D. 品质公差条款

9. 根据《跟单信用证统一惯例》的规定，合同中使用"大约""近似"等约量字眼，可解释为交货数量的增减幅度为( )。

A. 3%   B. 5%   C. 10%   D. 15%

10. 某公司与外商签订了一份出口某商品的合同，合同中规定的出口数量为500公吨。在溢短装条款中规定,允许卖方交货的数量可增减5%，但未对多交部分如何作价给予规定。卖方依合同规定多交了20公吨，根据《联合国国际货物销售合同公约》的规定，此20公吨应按( )作价。

A. CIF 价   B. 合同价   C. FOB 价   D. 议定价

11. 我国现行的法定计量单位是( )。

A. 公制   B. 国际单位制   C. 英制   D. 美制

12. 运输包装和销售包装的分类，是按( )。

A. 包装的目的来划分的   B. 包装的形式来划分的

C. 包装所使用的材料来划分的   D. 包装在流通过程中的作用来划分的

13. 条码标志主要用于商品的( )上。

A. 销售包装   B. 运输包装

C. 销售包装和运输包装   D. 任何包装

14. 定牌中性包装是指( )。

A. 在商品本身及其包装上使用买方指定的商标/牌号，但不标明产地

B. 在商品本身及其包装上使用买方指定的商标/牌号，也标明产地

C. 在商品本身及其包装上不使用买方指定的商标/牌号，也不标明产地

D. 在商品本身及其包装上不使用买方指定的商标/牌号，但标明产地

15. 按国际惯例，包装费用( )。

A. 不应包括在货物价格之内，并在合同中列示

B. 应包括在货物价格之内，但必须在合同中另外列示

C. 包括在货物价格之内，一般不在合同中另外列示

D. 不应包括在货物价格之内，也不必在合同中列示

四、多项选择题

1. 表示品质方法的分类可归纳为( )。
   A. 凭样品表示商品的品质　　　　　B. 凭实物表示商品的品质
   C. 凭说明表示商品的品质　　　　　D. 凭商标表示商品的品质

2. 卖方根据买方来样复制样品，寄送买方并经其确认的样品，被称为( )。
   A. 复样　　　　　B. 回样　　　　　C. 原样　　　　　D. 对等样品

3. 凭商标或牌号买卖，一般只适用于( )。
   A. 一些品质稳定的工业制成品
   B. 经过科学加工的初级产品
   C. 机器、电器和仪表等技术密集产品
   D. 造型上有特殊要求的商品

4. 目前，国际贸易中通常使用的度量衡制度有( )。
   A. 公制　　　　　B. 英制　　　　　C. 国际单位制　　　D. 美制

5. 国际贸易计算重量时，通常的计算方法有( )。
   A. 毛重　　　　　B. 净重　　　　　C. 公量　　　　　D. 理论重量

6. 溢短装条款的内容包括( )。
   A. 溢短装的百分比　　　　　　　　B. 溢短装的选择权
   C. 溢短装部分的作价　　　　　　　D. 买方必须收取溢短装的货物

7. 溢短装数量的计价方法包括( )。
   A. 按合同价格结算
   B. 按装船日的行市计算
   C. 按货物到目的地时的世界市场价格计算
   D. 由卖方自行决定

8. 为了便于运输和装卸，节约人力、物力，国际标准化组织规定简化了运输标志，将其内容减少为以下几项( )。
   A. 收货人代号　　B. 参考代号　　C. 目的地名称　　D. 件数号码

9. 运输标志的作用是( )。
   A. 便于识别货物　B. 方便运输　　C. 易于计数　　　D. 防止错发错运
   E. 促进销售

10. 运输包装的标志包括( )。
    A. 运输标志　　　B. 指示性标志　C. 警告性标志　　D. 条形码标志

五、判断题

1. 某外商来电要我方提供大豆，按含油量 18%，含水分 14%，不完全粒 7%，杂质 1% 的规格订立合同，对此，在一般情况下，我方可以接受。　　　　　　　( )

2. 在出口贸易中，表达品质的方法多种多样，为了明确责任，最好采用既凭样品又凭规格买卖的方法。（　　）

3. 在出口凭样品成交业务中，为了争取国外客户，便于达成交易，出口企业应尽量选择质量最好的样品请对方确认并签订合同。（　　）

4. 如果合同中没有明确规定按毛重还是按净重计价，根据惯例，应按毛重计价。（　　）

5. 溢短装条款是指在装运数量上可增减一定幅度，该幅度既可由卖方决定，也可由买方决定，应视合同中的具体规定而定。（　　）

6. 卖方所交货物如果多于合同规定的数量，按《联合国国际货物销售合同公约》规定，买方可以收取也可以拒收全部货物。（　　）

7. 按照国际惯例，合同中如未作规定，溢短装部分应按合同价格计算。（　　）

8. 定牌中性包装和定牌实质上是同一概念。（　　）

9. 包装由卖方决定，买方不得要求使用特殊包装。（　　）

10. 双方签订的贸易合同中，规定成交货物为不需要包装的散装货，而卖方在交货时采用麻袋包装，但净重与合同规定完全相符，且不要求另外加收麻袋包装费。货到后，买方索赔，该索赔不合理。（　　）

六、案例分析题

1. 我方出口水果罐头一批，合同规定为纸箱装，每箱 30 听，共 80 箱。但我方发货时改为每箱 24 听，共 100 箱，总听数相等。请问这样做妥当吗？

2. 某公司向中东出口电风扇 1 000 台，信用证规定不允许分批装运。但在装船的时候，发现有 40 台严重损坏，临时更换又来不及。为保证质量起见，发货人员认为根据《跟单信用证统一惯例》的规定，即使合同未规定溢短装条款，数量上仍允许 5% 的增减，故决定少交 40 台风扇，即少交 4%。请问此举妥当吗？

3. 国内某单位向英国出口一批大豆，合同规定水分最高为 14%，杂质不超过 2.5%，在成交前我方曾向买方寄过样品，订约后我方又电告买方成交货物与样品相似，当货物运到英国后，买方提出货物与样品不符，并出示相应的检验证书证明货物的质量比样品低 7%，并以此要求我方赔偿 15 000 英镑的损失。请问：在此种情况下，我方是否可以以该项交易并非凭样品买卖而不予理赔？

七、实操题

1. 翻译

counter sample（　　　　　）　　　　　confirmation sample（　　　　　）

quality tolerance（　　　　　）　　　　　native produce（　　　　　）

2. 请为大米、绒毛玩具这两个产品拟写合同中的商品品质条款。

3. 澳大利亚某外贸公司与我国某羊毛衫生产企业签订了一份 50 公吨羊毛的出口合同，合同中规定以公量来计算商品的重量，商品的公定回潮率是 10%，货物到达目的港后抽样检测所得的实际回潮率是 8%。

计算：该批商品的公量是多少？

4. 如按每箱 100 美元的价格出售某商品 1 000 箱, 合同规定"数量允许有 5%上下浮动, 由卖方决定"。

试计算：

(1) 我方最多可装多少箱？最少应装多少箱？

(2) 如我方实际装运 1 030 箱, 对方应付多少货款？

第四章 贸易术语和价格条款

学习目标

- 掌握常用贸易术语。
- 了解选用贸易术语和使用国际贸易惯例时的注意事项。
- 认识价格的构成。
- 掌握佣金和折扣的含义。
- 掌握不同贸易术语的换算及盈亏核算方法。

第一节 贸 易 术 语

 情境案例

夏利一周前给英国 Miracle 贸易公司发了一封希望能与之建立业务关系的 E-mail 后，就盼望能快点收到对方的回函。

功夫不负有心人，今天夏利终于收到了英国 Miracle 贸易公司发来的邮件。

邮件中 Jane Anderson 要求夏利向他们报 CIF LONDON,UK 的价格。夏利看公司的价目表 "Style No.7756，Men's shirt，Material: Cotton，Color: White，Price: USD 14/ PIECE FOB XINGANG"为 FOB 的报价，那该价格和英国 Miracle 贸易公司要求的 CIF 报价有何不同？应该怎么报价呢？夏利不清楚，只能再次去请教红姐。

Dear Mr.Xia

We thank you for your letter of 5th May, 2018 and shall be pleased to enter into business relations with you.

Now we are keenly interested in your Men's shirt, Style No.7756. We would like to place an initial order against the above item for one 40 foot container with shipment, please quote us your rock bottom price on the basis of CIF LONDON,UK, with all details for the goods and transaction.

Besides, please mail one sample of the above item by DHL a.s.a.p. The courier charge will be paid by us. If the sample tests well, we will pay the sample charge by T/T.

Best wishes.

Yours sincerely
Jane Anderson
Sales Manager

Miracle Trading Company
Add: 89 High Street, London, England
Tel.:44-020-33456789   Fax: 44-020-33456789
http://www.miracletrading.com
E-mail: jane_anderson@miracletrading.com

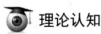

情境问答

亲爱的同学们，请根据自己的初步认知，思考并回答以下问题。

① 价目表中的 FOB 价格是什么意思？

答：_____

_____

_____

② Miracle 公司要求改报的 CIF 价格是什么意思？它与 FOB 有何不同？

答：_____

_____

_____

理论认知

一、贸易术语的含义

贸易术语又称贸易条件、价格术语(Price Terms)，是在长期的国际贸易实践中产生的。它是用来表示商品的价格构成，说明交货地点，确定风险、费用和责任划分等问题的专门用语。

贸易术语在国际贸易中的使用，除了有利于买卖双方磋商交易和订立合同外，还有利于买卖双方核算价格和成本。此外，在解决双方的争议时，还可以通过援引有关贸易术语的一般解释来处理，有利于贸易争端的解决。

二、贸易惯例

国际贸易惯例，是指根据长期的国际贸易实践中逐渐形成的某些通用的习惯做法而制定的规则。虽然它不是法律，不具有普遍的法律约束力，但按各国的法律，在国际贸易中都允许当事人有选择适用国际贸易惯例的自由，一旦当事人在合同中采用了某项惯例，它对双方当事人就具有法律约束力。有些国家的法律还规定，法院有权按照有关的贸易惯例来解释双方当事人的合同。在国际贸易中影响最大的是国际商会制定的《国际贸易术语解释通则》和《商业跟单信用证统一惯例》。

(一)《1932 年华沙—牛津规则》

《1932 年华沙—牛津规则》(Warsaw-Oxford Rules 1932，简称 W.O.Rules 1932)是由国际法协会(International Law Association)所制定的。该协会于 1928 年在华沙举行会议，制定了关于 CIF 买卖合同的统一规则，共 22 条，称为《1928 年华沙规则》。后又经过 1930 年纽约会议、1931 年巴黎会议和 1932 年牛津会议修订为 21 条。

(二)《1941 年美国对外贸易定义修订本》

《1941 年美国对外贸易定义修订本》是 1941 年 7 月 30 日，美国商会、美国进口商会理事会和全世界对外贸易理事会所组成的联合委员会对对外贸易定义的统一解释。

它解释了六种贸易术语，分别是：EX Point of Origin、FOB、FAS、C&F、CIF 和 EX Dock。

(三)《2010 年国际贸易术语解释通则》

《2010 年国际贸易术语解释通则》 (The Incoterms rules or International Commercial Terms 2010，简称《2010 通则》)是国际商会根据国际货物贸易的发展对《2000 年国际贸易术语解释通则》(简称《2000 通则》)的修订版本，于 2010 年 9 月 27 日公布，2011 年 1 月 1 日开始在全球范围内实施。《2010 通则》较《2000 通则》更准确标明各方承担货物运输风险和费用的责任条款，令船舶管理公司更易理解货物买卖双方支付各种费用时的角色，有助于避免现时经常出现的码头处理费(THC)纠纷。此外，新通则增加了大量的指导性贸易解释和图示，以及电子交易程序的适用方式。

三、《2010 通则》贸易术语解释

《2010 通则》中的 11 个贸易术语中，常用的 6 个贸易术语分别是：FOB、CFR、CIF、

FCA、CPT、CIP。

《2010 年国际贸易术语解释通则》如表 4.1 所示。

表 4.1　2010 年国际贸易术语解释通则

组别	术语简写	术语英文全称	术语中文译名
适用于任何运输方式	EXW	Ex Works	工厂交货
	FCA	Free Carrier	货交承运人
	CPT	Carriage Paid To	运费付至
	CIP	Carriage and Insurance Paid To	运费保险费付至
	DAT	Delivered at Terminal	在指定目的地或者目的港的集散站交货
	DAP	Delivered at Place	在指定目的地交货
	DDP	Delivered Duty Paid	完税后交货
适用于海运或内河运输	FAS	Free Alongside Ship	装运港船边交货
	FOB	Free on Board	装运港船上交货
	CFR	Cost and Freight	成本加运费
	CIF	Cost Insurance and Freight	成本保险费加运费

(一)常用贸易术语

1. FOB

FOB 全称是 Free on Board(……named port of shipment)，即船上交货(……指定装运港)，习惯上称为装运港船上交货，是指卖方在指定装运港的装船点将货物装上买方指定的船上。货物灭失或损坏的风险在货物交到船上时转移，同时买方承担自那时起的一切风险。

FOB 术语的解释如表 4.2 所示。

表 4.2　FOB 术语的解释

卖方义务	买方义务
①在合同规定的时间，在指定的装运港，将符合合同的货物交至买方指定的船上	①租船订舱，支付运费
②装船完毕后，及时通知买方	②将船的信息，包括船名、船到达时间、要求装货时间等通知卖方
③承担货物装上船之前的一切风险和费用	③承担货物装上船后的一切风险和费用
④办理出口清关手续	④办理进口清关手续
⑤提供商业发票和证明货物已经装上船的运输单据等有关单据	⑤接收单据，受领货物，支付货款

应用 FOB 术语时应注意以下两点。

(1) 船货衔接问题。

(2) 租船运输中装船费用的负担问题。采用 FOB 术语成交的合同,买方需要负责租船订舱,支付运费;卖方需要把货物交至指定的装运港指定的船只上。如果采用的是班轮运输,则船方管装管卸,装船费用已经计入运费当中,但如果采用的是租船运输,船方不负责装卸费用。为更加明确装船费用的负担问题,买卖双方往往会在 FOB 术语后增添一些条款加以说明,我们称之为 FOB 贸易术语的变形,如表 4.3 所示。

表 4.3　FOB 术语的变形

FOB 变形	装船费用负担
FOB LINER TERMS (FOB 班轮条件)	买方
FOB UNDER TACKLE (FOB 吊钩下交货)	买方
FOB STOWED (FOB 含理舱费在内)	卖方
FOB TRIMMED (FOB 含平仓费在内)	卖方
FOB STOWED AND TRIMMED (FOB 含理舱费和平仓费在内)	卖方

◉ 想一想

景德镇某瓷器公司以 FOB 贸易条件出口一批茶具,买方要求该瓷器公司代为租船,费用由买方负担。由于该瓷器公司在约定日期内无法租到合适的船只,且买方不同意更换条件,以致延误了装运期,买方以此为由提出撤销合同。

请问:买方的要求合理吗?为什么?

2. CFR

CFR 全称是 Cost and Freight(…named port of destination),即成本加运费(……指定目的港)。CFR 术语的解释如表 4.4 所示。

表 4.4　CFR 术语的解释

卖方义务	买方义务
①租船订舱,支付运费	
②在合同规定的时间,在指定的装运港,将符合合同的货物交至买方指定的船上	
③装船完毕后,及时通知买方	
④承担货物装上船之前的一切风险和费用	①承担货物装上船后的一切风险和费用
⑤办理出口清关手续	②办理进口清关手续
⑥提供商业发票和证明货物已经装上船的运输单据等有关单据	③接收单据,受领货物,支付货款

应用 CFR 术语时应注意以下两点。

(1) 及时发出装船通知。

(2) 采用 CFR 术语成交的合同，在装运港的装船费用应由卖方负责，但是货物运达目的港后卸货费用的负担问题存在分歧。如果是班轮运输，则船方管装管卸，如果是租船运输，则需要买卖双方事先明确。由此，便产生了 CFR 贸易术语的变形，如表 4.5 所示。

表 4.5　CFR 术语的变形

CFR 变形	卸货费用负担
CFR LINER TERMS (CFR 班轮条件)	卖方
CFR EX TACKLE (CFR 吊钩下交货)	卖方(不含驳运费/码头费)
CFR LANDED (CFR 卸至岸上)	卖方(含驳运费/码头费)
CFR EX SHIP'S HOLD (CFR 舱底交货)	买方

◉ 想一想

景德镇某瓷器公司以 CFR 贸易条件出口一批茶具。该公司的业务员安排货物装船后忘记向买方发出已装船通知。事后，由于该货物在运输途中遭遇风险，致使该批茶具全部破损。买方遂来电要求该瓷器公司赔偿其损失，并拒付货款。

请问：该瓷器公司能否以货物运输风险应由买方自行承担为由，要求买方支付货款并拒绝买方的索赔要求？

3. CIF

CIF 全称是 Cost Insurance and Freight(…named port of destination)，即成本、保险费用加运费(……指定目的港)。CIF 术语的解释如表 4.6 所示。

表 4.6　CIF 术语的解释

卖方义务	买方义务
①租船订舱，支付运费	
②在合同规定的时间，在指定的装运港，将符合合同的货物交至买方指定的船上	
③负责办理国际货物运输保险并支付保险费用	
④装船完毕后，及时通知买方	
⑤承担货物装上船之前的一切风险和费用	①承担货物装上船后的一切风险和费用
⑥办理出口清关手续	②办理进口清关手续
⑦提供商业发票和证明货物已经装上船的运输单据等有关单据	③接收单据，受领货物，支付货款

应用 CIF 术语时应注意以下三点。

(1) 及时发出装船通知。

(2) 采用 CIF 术语成交的合同，在装运港的装船费用应由卖方负责，但是货物运达目的港后卸货费用的负担问题存在分歧。如果是班轮运输，则船方管装管卸，如果是租船运输，则需要买卖双方事先明确。由此，便产生了 CIF 贸易术语的变形，如表 4.7 所示。

表 4.7　CIF 术语的变形

CIF 变形	卸货费用负担
CIF LINER TERMS (CIF 班轮条件)	卖方
CIF EX TACKLE (CIF 吊钩下交货)	卖方(不含驳运费/码头费)
CIF LANDED (CIF 卸至岸上)	卖方(含驳运费/码头费)
CIF EX SHIP'S HOLD (CIF 舱底交货)	买方

(3) 象征性交货问题。象征性交货的实质是单据买卖，也就是凭单交货，见单付款。

◎ 想一想

我方按 CIF 条件进口一批床单，货物抵达后发现床单在运输途中部分受潮，而卖方已如期向我方递交了合同规定的全套合格单据并要求我方支付货款。

请问：我方能否以所交货物受潮而拒付货款并向卖方提出索赔？

◎ 想一想

有一份 CIF 合同，买卖一批蜡烛。货物装船的时候，经商检机构检验合格，符合合同规定的标准。货到目的港，买方发现 20% 的蜡烛有弯曲现象，因而向卖方索赔。卖方拒绝赔偿，其理由是：货物在装船的时候品质是符合合同规定的。事后又查明起因是货物交给承运人后，承运人把该批货物装在靠近己方的船舱内，舱内温度过高造成的。

请问：买方的损失应该如何得到补偿？

4. FCA

FCA 全称是 Free Carrier(…named place)，即货交承运人(……指定装运地)。FCA 术语的解释如表 4.8 所示。

应用 FCA 术语时应注意以下两点。

(1) FCA 适用于任何运输方式。

(2) 交货地点问题。如果指定的交货地点是卖方所在地，则卖方负责装货。如果指定的交货地点是其他地点，则卖方不负责卸货。

表 4.8　FCA 术语的解释

卖方义务	买方义务
①按时将货物交给指定的承运人，并及时发出装运通知	①签订从指定的装运地到指定的目的地的运输合同，支付运费，通知卖方
②办理出口清关手续	②办理进口清关手续
③承担货物交给承运人之前的一切费用和风险	③承担货物交给承运人后的一切风险和费用
④提交单据或电子信息	④受领单据，领取货物并支付货款

◉ 知识链接

　　在签订货物买卖合同时，如果买方保留决定交货地点及运输方式的选择权，则事先约定买方此项选择权的范围以及期限非常重要。若买方对于选择交货地点未保留指定权，而买卖合同中所指定的交货地点，承运人有多处收货地点可供选择，则卖方可在指定交货地点中选择最适合的一处作为交货地点。

　　由于指定的交货地不同，卖方的交货义务和风险划分也不同，所以买卖双方最好在合同中约定货物交付给承运人的确切地点，并明确应当以哪种方式交付给承运人或代理人，如特别规定货物是否应当装入集装箱内。

◉ 想一想

　　如何理解 FCA 术语下，卖方的交货地点适用 "管装不管运，管运不管卸" 的原则？

5. CPT

　　CPT 全称是 Carriage Paid To(…named place of destination)，即运费付至(……指定目的地)。CRT 术语的解释如表 4.9 所示。

表 4.9　CPT 术语的解释

卖方义务	买方义务
①签订从指定的装运地到指定的目的地的运输合同，并支付运费，按时将货物交给承运人，并及时发出装运通知	
②办理出口清关手续	①办理进口清关手续
③承担货物交给承运人之前的一切费用和风险	②承担货物交给承运人后的一切风险和费用
④提交单据或电子信息	③受领单据，领取货物并支付货款

　　应用 CPT 术语时应注意以下两点。

　　(1) CPT 适用于任何运输方式。

　　(2) 及时发出装运通知，便于买方及时投保。

◉ 想一想

　　景德镇某瓷器公司出口一批茶具，其在出口合同中写着 "CPT NEWYORK, delivery during AUGUST "。

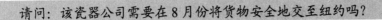

请问：该瓷器公司需要在 8 月份将货物安全地交至纽约吗？

6. CIP

CIP 全称是 Carriage and Insurance Paid To(...named place of destination)，即运费和保险费付至(⋯⋯指定目的地)。CIP 术语的解释如表 4.10 所示。

表 4.10　CIP 术语的解释

卖方义务	买方义务
①签订从指定的装运地到指定的目的地的运输合同，并支付运费，按时将货物交给承运人，投保并支付保险费用，及时发出装运通知	
②办理出口清关手续	①办理进口清关手续
③承担货物交给承运人之前的一切费用和风险	②承担货物交给承运人后的一切风险和费用
④提交单据或电子信息	③受领单据，领取货物并支付货款

应用 CIP 术语时应注意以下两点。

(1) CIP 适用于任何运输方式。

(2) 保险问题。采用 CIP 术语成交的合同，保险由卖方购买，受益人是买方，所以属于代办性质。

想一想

FCA、CPT、CIP 三者有何异同？选用它们的好处是什么？

(二)其他贸易术语

1. EXW

EXW 全称是 Ex Works(...named place)，即工厂交货(⋯⋯指定地点)。它是指卖方在其所在地或其他指定地点，如工厂、车间或仓库等，将货物交给买方，即履行了自己的交货义务。EXW 贸易术语下，卖方承担的责任义务最小。

2. FAS

FAS 全称是 Free Alongside Ship(...named port of shipment)，即装运港船边交货(⋯⋯指定装运港)。它是指卖方在指定的装运港将货物交到买方指定的船只旁边即完成交货义务。风险在货物交至船边时发生转移。

想一想

FAS 和 FOB 的区别是什么？

3. DAT

DAT 全称是 Delivered at Terminal(...named terminal at port or place of destination)，即目的地或目的港的散集站交货(⋯⋯指定目的地或目的港)。它是指卖方在指定港口或目的地

的指定运输终端将货物从抵达的载运工具中卸下，交给买方处置时，即为交货。风险的划分界限是在目的地将货物交给买方处置后。

4. DAP

DAP 全称是 Delivered at Place(…named place of destination)，即目的地或目的港的散集站交货(……指定目的地)。它是指卖方在指定目的地将还在运输工具上可供卸载的货物交由买方处置即为交货。卖方承担将货物运输至指定地点的一切风险。风险的划分界限是在目的地将货交给买方处置后。

5. DDP

DDP 全称是 Delivered Duty Paid(…named place of destination)，即完税后交货(……指定目的地)。它是指卖方在指定目的地将仍处于抵达运输工具上，但已完成进口清关手续，可供卸载的货物交给买方处置时，即完成交货义务。卖方需承担将货物运至指定目的地的一切风险和费用，办理进口清关手续的同时缴纳相关进口税费。风险划分界限是货交买方后。DDP 术语是《2010 通则》贸易术语中卖方承担风险、责任义务最大的术语。

第二节　确定价格及价格条款

 情境案例

英国 Miracle 贸易公司的 Jane Anderson 收到了夏利快递过去的男士衬衣样品后觉得非常不错，要求夏利改报 CIF LONDON,UK 的价格给他们。夏利请教红姐后向 Jane Anderson 报价：USD18/pc CIF LONDON。事后，夏利收到了 Jane Anderson 的回复，具体内容如下。

Dear Mr.Xia

Thanks for your sample and offer. We find out that your offer is much higher than the market price of similar goods. Although we are satisfied with your samples, we cannot accept the price. We will order 3 000 pieces of Style No.7756, if the price can be reduced to USD 16/PC CIF LONDON,UK, and the terms of payment can be changed by L/C at 60 days after sight. The other terms of your offer remain valid.
We are looking forward to hearing from you soon.

Best wishes.

Yours sincerely
Jane Anderson

Sales Manager

Miracle Trading Company

Add: 89 High Street, London, England

Tel.:44-020-33456789   Fax: 44-020-33456789

http://www.miracletrading.com

E-mail: jane_anderson@miracletrading.com

情境问答

亲爱的同学们，请根据自己的初步认知，思考并回答以下问题。

① Jane Anderson 的行为属于贸易磋商中的什么行为？

答：_____

_____

② 夏利他们可以接受这个价格吗？如何核算？

答：_____

_____

_____

理论认知

一、价格构成

正确地表达价格是进行国际贸易的首要条件。

(一)单价的构成要素

单价的构成要素包括以下四个方面。

(1) 计量单位，即计算商品数量的单位。不同国家或地区的度量衡制度往往不同，合同中必须订明采用何种计量单位。

(2) 单位价格金额。

(3) 计价货币，即计算商品价格使用的货币名称。

(4) 贸易术语，即用贸易术语表示买卖双方在责任、费用与风险承担上的区别。

◉ **知识链接**

主要国家货币中英文对照如下。

人民币 CNY，美元 USD，欧元 EUR，日元 JPY，英镑 GBP，加拿大元 CAD，澳大利亚元 AUD，港币 HKD。

◉ **想一想**

进出口贸易中，计价货币应当如何选择？

◉ **知识链接**

2017 年 10 月 1 日开始，人民币正式成为国际通用货币！

华盛顿时间 2017 年 9 月 30 日，国际货币基金组织(IMF)宣布纳入人民币的特别提款权(SDR)，新货币篮子于 10 月 1 日正式生效。IMF 总裁拉加德发表声明称，人民币将被国际社会认可，成为可自由使用的国际货币。这不仅反映了人民币在国际货币体系中不断上升的地位，也是对中国一系列具有重大意义的改革的认可，既是对中国经济开放的认可，亦是对中国政府未来将遵守市场化原则的认可。这对人民币和中国而言具有重要象征性意义，未来一系列改革将继续推进。

中国将以人民币入篮为契机，进一步深化金融改革，扩大金融开放，为促进全球经济增长、维护全球金融稳定和完善全球经济治理做出积极贡献。

◉ **想一想**

试判断下述报价要素是否完整，若不完整，请找出少了哪一要素？

(1) USD 20 FOB SHANGHAI

(2) 50 PER PIECE CFR NEWYOEK

(3) EUR 200 PER CARTON

(4) HKD 200 PER SET CIF HONGKONG

(二)确定价格时的注意事项

确定价格时应注意以下事项。

(1) 合理地确定商品的单价，防止偏高或偏低。

(2) 根据船源、货源等实际情况，选择适当的贸易术语。

(3) 争取选择有利的计价货币，必要时可以加订保值条款。

(4) 灵活运用各种不同的作价办法，尽可能避免承担价格变动的风险。

(5) 参照国际的习惯做法，注意佣金和折扣的合理运用。

(6) 如交货品质、交货数量有机动幅度或包装费另行计价时，应一并订明机动部分作价和包装费计价的具体办法。

(7) 单价中的计量单位、计价货币和装运地或卸货地名称，必须书写清楚，以利于合同的履行。

二、佣金和折扣

(一)佣金

佣金(Commission)，是指卖方或买方支付给中间商为其对货物的销售或购买提供了中介服务的报酬。

1. 佣金的表示方法

佣金可以用文字进行描述，如 USD 100/MT CIF NEW YORK including 2% commission，也可以在贸易术语后加 C 并注明百分比进行表示，如 USD 100/MT CIFC2% NEW YORK。

2. 佣金的计算

佣金的计算公式如下。

$$佣金=含佣价×佣金率$$
$$净价=含佣价-佣金$$
$$含佣价=\frac{净价}{1-佣金率}$$

想一想

某出口公司向英国某进口商出口商品，对外报价为 FOBC2%上海每箱 800 英镑，客户要求将佣金增至 5%。出口公司考虑后同意，但为使净收入不减少，价格应改报为多少？

(二)折扣

折扣(Discount/Rebate/Allowance)，是指卖方给予买方一定的价格减让，即在原价基础上给予适当的优惠。

在我国对外贸易中，使用折扣主要是为了扩大对外销售量。

1. 折扣的表示方法

折扣一般是用文字进行描述，如 USD 100/MT CIF LONDON less 2% discount。

2. 折扣的计算

折扣通常是以成交金额或发票金额为基础进行计算的。其计算公式如下。

$$单位货物折扣额=原价×折扣率$$
$$卖方实际净收入=原价-折扣额$$

三、价格核算

最常用的 FOB、CFR 和 CIF 三种价格的换算公式如下。

$$FOB=进货成本价+国内费用+净利润$$

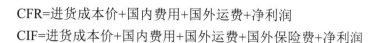

CFR=进货成本价+国内费用+国外运费+净利润

CIF=进货成本价+国内费用+国外运费+国外保险费+净利润

(一)出口价格核算

出口价格由实际进货成本、费用、出口关税及利润构成。

1. 实际进货成本

实际进货成本，是指出口企业为出口其产品进行生产或加工或采购所实际支付的生产成本或加工成本或采购成本。如果该生产或加工或采购该出口产品而支付的进货价格中包含了出口退税收入，则要减去。

2. 费用

费用的核算比较复杂，主要包括国内费用和国外费用。

国内费用一般有订舱费、港杂费、报关报检费、财务费、经营管理费和货物从仓库到码头、车站、空港、集装箱货运站等地的运费等。

国外费用一般包含国外运费、国外保险费以及支付给中间商的佣金。

3. 出口关税

出口关税，是指海关以出境货物为课税对象所征收的关税。

4. 利润

利润，是指卖方的预期利润，一般以成交价的一定百分比计算卖方的收益。

(二)进口价格核算

进口价格由进口总成本、进口税费、国内费用和利润构成。

1. 进口总成本

进口总成本，是指进口商品的进货价以及在销售前发生的一切费用和税费。

进口总成本不能高于国内分销价格。如果已知进口货物的国内分销价格，则可以倒推出进口货物的 CIF 最高价，也就是进口商不能以高于该 CIF 价格进货，否则会亏损。

2. 进口税费

进口税费，是指货物在进口环节由海关依法征收的一切税费。

我国进口税费包括关税和进口环节海关代征税。进口环节海关代征税包括消费税和增值税。

3. 国内费用

国内费用和出口同。

4. 利润

利润，是指买方的预期利润，一般以成交价的一定百分比计算买方的收益。

🔘 **想一想**

我方出口某商品，对外报价为 480 美元/公吨 FOB 湛江，现外商要求将价格改报为 CIF 旧金山，试求我方的报价应为多少才能使 FOB 净值不变？(假设运费是 FOB 价的 3%，保险费为 FOB 的 0.8%)

四、出口盈亏核算

(一)出口换汇成本

出口换汇成本，是指出口商品净收入一个单位的外汇需要的人民币成本。如果出口商品的换汇成本低于银行的外汇牌价，则说明出口是盈利的。出口换汇成本的计算公式如下。

$$出口换汇成本 = 出口总成本 \div 出口外汇净收入$$

(二)出口盈亏率

出口盈亏率，是指出口盈亏额与出口总成本的比率。出口盈亏额，是指出口销售人民币的净收入与出口总成本的差额。如果前者大于后者，则盈利；反之，则亏损。出口盈亏率的计算公式如下。

$$出口盈亏率 = \frac{出口销售人民币净收入 - 出口总成本}{出口总成本} \times 100\%$$

🔘 **想一想**

某外贸公司出口一批商品，国内进货价共 10 000 元人民币，加工费支出 1 500 元人民币，商品流通费是 1 000 元人民币，税金支出为 100 元人民币，该批商品的出口销售外汇净收入为 2 000 美元。

试计算：(1)该批商品的出口总成本是多少？(2)该批商品的出口销售换汇成本是多少？(3)该批商品的出口销售盈亏率是多少？

 实训项目

1. 根据小组贸易背景以及上一个任务的磋商结果，在所学的《2010 年国际贸易术语解释通则》中选用合适的贸易术语。

2. 选择适当的计价货币。

3. 扮演出口商的小组商定各项费用，其中出口关税税率、出口退税率、订舱费、港杂费、国际运费、保险费率等均可网上自行查询，同时商定进货成本。

4. 根据贸易背景进行报价核算。

练 习 题

一、名词解释

FOB　CFR　CIF　FCA　CPT　CIP　　出口总成本　　出口换汇成本　　佣金　　折扣

二、填空题

1. 出口换汇成本是指_____。

2. 佣金分为_____和_____。

3. 单价条款的构成要素包括_____。

4. 贸易术语又称_____，是在长期的国际贸易实践中产生的。它是用来表示商品的价格构成，说明_____、_____、_____和_____等问题的专门用语。

三、单项选择题

1. 以 CFR 贸易术语成交，应由(　　)。

　　A. 买方办理租船订舱并办理保险

　　B. 卖方办理租船订舱并办理保险

　　C. 买方办理租船订舱，卖方办理保险

　　D. 卖方办理租船订舱，买方办理保险

2. 按《2010 通则》以 CIF 汉堡条件成交，卖方对货物风险应负责(　　)。

　　A. 船到汉堡港为止　　　　　　　　B. 在汉堡港卸下货为止

　　C. 货在装运港　　　　　　　　　　D. 货在装运港装上船

3. 在 CPT 贸易术语中，买卖双方划分风险的界限是(　　)。

　　A. 装运港船舷　　B. 货交承运人　　C. 目的港船上　　D. 目的港码头

4. 以 CIF 贸易术语成交，货物所有权(　　)。

　　A. 随运输单据交给买方而转移给买方

　　B. 随货物风险转移至买方而转移给买方

　　C. 随货物交给买方而转移给买方

　　D. 随货物在装运港越过船舷而转移给买方

5. 按 CIF LANDED(CIF 卸到岸上)贸易术语成交，买卖双方的风险划分界限为(　　)。

　　A. 货物交给承运人　　　　　　　　B. 货物在装运港装上船

　　C. 货物在目的港越过船舷　　　　　D. 货物交到目的港码头

6. 就卖方承担的风险而言，(　　)。

　　A. CIF 比 FOB 大　　　　　　　　B. FOB 比 CIF 大

　　C. CIF 与 FOB 相同　　　　　　　D. 有时 CIF 与 FOB 相同

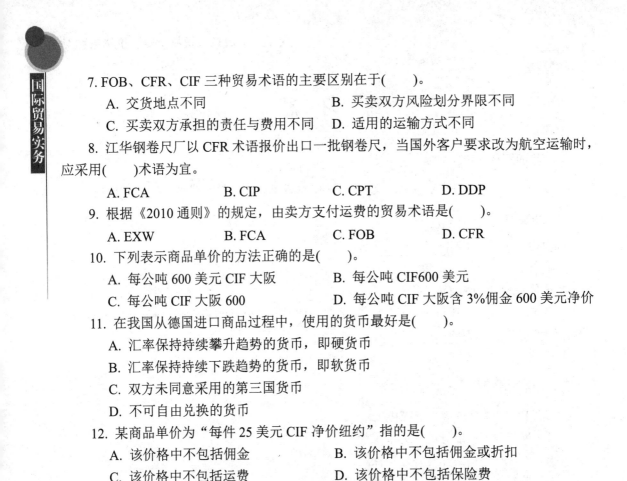

7. FOB、CFR、CIF 三种贸易术语的主要区别在于(   )。

    A. 交货地点不同   B. 买卖双方风险划分界限不同

    C. 买卖双方承担的责任与费用不同   D. 适用的运输方式不同

8. 江华钢卷尺厂以 CFR 术语报价出口一批钢卷尺,当国外客户要求改为航空运输时,应采用(   )术语为宜。

    A. FCA   B. CIP   C. CPT   D. DDP

9. 根据《2010 通则》的规定,由卖方支付运费的贸易术语是(   )。

    A. EXW   B. FCA   C. FOB   D. CFR

10. 下列表示商品单价的方法正确的是(   )。

    A. 每公吨 600 美元 CIF 大阪   B. 每公吨 CIF600 美元

    C. 每公吨 CIF 大阪 600   D. 每公吨 CIF 大阪含 3%佣金 600 美元净价

11. 在我国从德国进口商品过程中,使用的货币最好是(   )。

    A. 汇率保持持续攀升趋势的货币,即硬货币

    B. 汇率保持持续下跌趋势的货币,即软货币

    C. 双方未同意采用的第三国货币

    D. 不可自由兑换的货币

12. 某商品单价为"每件 25 美元 CIF 净价纽约"指的是(   )。

    A. 该价格中不包括佣金   B. 该价格中不包括佣金或折扣

    C. 该价格中不包括运费   D. 该价格中不包括保险费

13. 在合同对外治商过程中,如果报出的净价为 1 000 美元,但是对方要求 3%的佣金,为了保证实收 1 000 美元,所报的含佣价应是(   )。

    A. 1 030 美元   B. 1 000 美元   C. 1 030.93 美元   D. 1 100 美元

14. 某单位出口一批货物,成交条件为 CFR,总价为 1 000 港元,其中含运费 5%,销售佣金 300 港元。请问该批货物的 FOB 总价应为(   )。

    A. 1 000 港元   B. 650 港元   C. 1 250 港元   D. 665 港元

15. 我方出口大宗商品,按 CIF 新加坡成交,合同规定采用程租船运输,我方不愿承担卸货费用,则我方应选择的贸易术语的变形是(   )。

    A. CIF Liner Terms Singapore   B. CIF Landed Singapore

    C. CIF Ex Ship's Hold Singapore   D. CIF Ex Tackle Singapore

四、多项选择题

1. 国际贸易术语是以不同的交货地点为标准,用简短的概念或英文缩写的字母表示的术语。它可以明确表示(   )。

    A. 商品的价格构成   B. 货物风险的划分

    C. 买卖双方在交易中的权利义务   D. 买卖双方在交易中的费用分担

2. 有关贸易术语的国际贸易惯例有(   )。

    A. 《2000 年国际贸易术语解释通则》

B. 《1932 年华沙—牛津规则》

C. 《1941 年美国对外贸易定义修订本》

D. 《汉堡规则》

3. 可适用于多种运输方式的贸易术语是(　　)。

  A. FCA   B. CPT   C. CIP

  D. DAF   E. DDU 和 DDP

4. 只适用于海运和内河运输的贸易术语是(　　)。

  A. FOB   B. FAS   C. CFR

  D. CIF   E. DES 和 DEQ

5. 属于实际交货性质的贸易术语是(　　)。

  A. EXW   B. CFR   C. DDP

  D. DDU   E. DES

6. 属于象征性交货的贸易术语是(　　)。

  A. FOB   B. DDP   C. CFR

  D. CIF   E. CPT 和 CIP

7. FOB、CFR、CIF 三种贸易术语的共同点在于(　　)。

  A. 交货地点相同   B. 适用的运输方式相同   C. 风险划分的分界点相同

  D. 交货性质相同   E. 费用分担相同

8. FCA、CIP、CPT 贸易术语与 FOB、CIF、CFR 贸易术语的区别是(　　)。

  A. 适用的运输方式不同   B. 交货地点不同   C. 风险转移分界点不同

  D. 提交的单据的种类不同   E. 交货性质不同

9. 在使用集装箱海运的出口贸易中，卖方采用 FCA 贸易术语比采用 FOB 贸易术语更为有利的具体表现是(　　)。

  A. 可以提前转移风险   B. 可以提早取得运输单据

  C. 可以减少卖方的风险责任   D. 可以提早交单结汇，提高资金的周转率

10. 广东某公司出口一批服装到 A 国，打算以 CIF 条件对外报价，该公司在考虑运费时应考虑的因素有(　　)。

  A. 运输途中可能遭遇的海上风险

  B. 从我国到 A 国的运输距离

  C. 从我国到 A 国是否需转船及可能发生的费用

  D. 国际航运市场价格变动的趋势

11. 我国进出口商品的作价原则是(　　)。

  A. 根据国际市场价格水平作价   B. 结合国别地区政策作价

  C. 根据购销意图作价   D. 以营利为目标作价

12. 以下我方出口商品单价写法正确的是(　　)。

  A. 每打 50 港元 FOB 广州黄埔

  B. 每公吨 200 美元 CIFC3%香港

C. 每台 5 800 日元 FOB 大连，含 25%的折扣

D. 每桶 36 英镑 CFR 伦敦

13. 确定进出口商品的价格，除要考虑商品的质量和档次、运输的距离、成交的数量外，还要考虑(   )。

    A. 交货地点和交货条件   B. 季节性需求的变化

    C. 支付条件和汇率变动的风险   D. 注意国际市场商品供求变化和价格走势

14. 某合同价格条款规定"每打 FOB 天津 450 英镑，总值 4 500 万英镑"，则此时英镑为(   )。

    A. 计价货币   B. 支付货币   C. 硬币   D. 软币

15. 出口成交价为 CIF 价格时，计算外汇净收入需扣除的是(   )。

    A. 国内运费   B. 国外佣金   C. 国外运费   D. 国外保险费

五、判断题

1. 国际贸易是涉外经济活动，因此调节它们法律关系的，主要应是国际贸易惯例。

                                                  (   )

2. EXW 术语是买方承担责任、费用和风险最小的术语。   (   )

3. 在所有的贸易术语下，出口报关的责任、费用均由卖方负担。   (   )

4. 采用 FOB 条件时，通常由卖方负责租船订舱，也有由卖方代办租船订舱的情况，按一般惯例，只要卖方已尽最大努力，因客观原因而租不到船或订不到舱位，买方不得为此向卖方提出索赔或撤销合同。   (   )

5. 在 CIF 条件下，卖方按合同在装运港将货物装船，并提交全套合格单据，就算完成了交货任务，无须保证到货；反之，如果卖方提交的单证不合要求，即使合格的货物安全运达也不算完成交货，即在"象征性交货"下，卖方是凭单交货。   (   )

6. 在 CFR 条件下，卖方在货物装船后必须发出装船通知，以便买方办理投保手续。如果货物在运输途中遭受损坏或灭失，是由于卖方未发出装船通知而使买方漏保，那么卖方不能以风险在船舷转移为由免除责任。   (   )

7. 某公司以 CFR 贸易术语出口一批货物，由于船只在运输途中搁浅，使部分货物遭受损失，我方可以不理。   (   )

8. 我国从汉堡进口货物，如按 FOB 条件成交，需由我方派船到汉堡口岸接运货物；如按 CIF 条件成交，则由出口方租船舶将货物运往中国港口。可见，我方按 FOB 进口承担的货物运输风险比按 CIF 进口承担的风险大。   (   )

9. 买卖双方以 CIF 条件成交，若双方在洽商合同时未规定具体的险别，则卖方投保时只有投保最低限度险别的义务。   (   )

10. 按 CIF Landed Singapore 成交，货物在新加坡港的卸货费和进口报关费应由卖方负担。   (   )

11. 在规定单价时，若明确规定佣金的百分比，则规定总值时也应做出相应的规定。

                                                    (   )

12. 出口销售外汇净收入是指出口商品的 FOB 价按当时外汇牌价折成人民币的数额。

（　　）

13. 出口商品盈亏率是指出口商品盈亏额与出口总成本的比率。　　（　　）

14. 在实际业务中，较常采用的作价方法是固定作价。　　（　　）

15. 当出口换汇成本低于外汇牌价时，则出口企业就有人民币盈利。　　（　　）

六、案例分析题

1. 我国某出口公司按 CIF 条件向欧洲某国进口商出口一批草编制品，向中国人民保险公司投保了一切险，并规定以信用证方式支付。我出口公司在规定的期限、指定的我国某港口装船完毕，船公司签发了提单，然后去中国银行议付款项。第二天，出口公司接到客户来电，称：装货的海轮在海上失火，草编制品全部烧毁，客户要求我公司出面向中国人民保险公司提出索赔，否则要求我公司退回全部货款。请问：该交易按 CIF 伦敦条件成交，对客户的要求我公司该如何处理？为什么？

2. 某口岸出口公司按 CIF AVONMOUTH 向英商出售一批核桃仁，由于该商品季节性较强，双方在合同中规定：买方须于 9 月底前将信用证开到，卖方保证运货船只不得迟于 12 月 2 日驶抵目的港。如果货轮迟于 12 月 2 日抵达目的港，买方有权取消合同。若货款已收，卖方须将货款退还买方。请问：这一合同的性质是否还属于 CIF 合同？

3. 我方以 CFR 贸易术语与外商成交一批消毒碗柜的出口合同，合同中规定装运时间为 4 月 15 日以前。我方备妥货物，并于 4 月 8 日装船完毕，但由于遇星期日休息，我方业务员未及时向买方发出装运通知，导致买方未能及时办理投保手续，而货物在 4 月 8 日晚因发生了火灾而被烧毁。请问：货物损失责任由谁承担？为什么？

七、实操题

1. 我方向西欧某客商推销某商品，发盘价格为每公吨 1 150 英镑 CFR 西欧某港口，对方复电要求改按 FOB 中国口岸定价，并给予 2%佣金。查自中国口岸至西欧某港口的运费为每公吨 170 英磅，我方若要保持外汇收入不变，改按买方的要求报价，应为何价？

2. 某公司出口报价为每公吨 2 000 美元 CIF 香港，折扣 2%。求单位货物折扣额和卖方实际净收入？

3. 某外贸公司出口一批商品，国内采购价共 10 000 元人民币，加工费支出 1 500 元人民币，商品流通费是 1 000 元人民币，税金支出为 100 元人民币，该批商品出口销售外汇净收入为 2 000 美元(假设 USD 1=CNY 8.2736/8.2768)。试计算：

(1) 该批商品的出口总成本是多少？

(2) 该批商品的出口销售换汇成本是多少？

(3) 该批商品的出口销售盈亏率是多少？

4. 假设我国某出口商品在外汇牌价为 USD 1 = CNY8.7127/8.7134 时，每打 FOB 价为 13.84 美元。现美元对人民币比率变动到 USD 1 = CNY8.7368/8.7171。请问：该出口商品按美元出口价格是否应该调整？如果要调整，应下调还是上涨？应调至多少美元便可保持原人民币收入不变？

第五章 货物运输

学习目标

- 认识各种运输方式，掌握海洋运输的特点和优劣势。
- 掌握班轮运输和租船运输，并能进行班轮运费计算。
- 掌握运输条款的规定方法。
- 认识运输单据，掌握海运提单的种类，能填写海运提单。

第一节 运 输 方 式

情境案例

夏利寄送给 Jane Anderson 的价目表中商品报价是 USD 14/PC FOB XinGang。Jane Anderson 复函要求夏利改报 CIF London 价格。可是 CIF 价格和 FOB 价格的差异夏利并不清楚，于是去请教红姐。红姐告诉夏利，两者之间的价格差异在于：我方如果采用 CIF 报价，将会比采用 FOB 报价多承担国外运费和保险费用。

红姐还告诉夏利，回函 Jane Anderson 之前，首先要确定货物从天津新港发往英国伦敦的运费价格。国外运费的计算，则需要夏利联系货运部，了解清楚在 Jane Anderson 要求的装运期内是否有合适的船期，货物的等级，确定计算运费的标准是尺码吨还是重量吨，然后计算出运费。

情境问答

亲爱的同学们，请根据自己的初步认知，思考并回答以下问题。

① 他们为什么要采用海洋运输方式？

答：_____

_____

_____

② 船期、货物等级等相关信息可以通过什么渠道查询？运费应当如何计算？

答：_____

_____

_____

 理论认知

国际贸易运输是国际贸易活动中一个重要的环节。国际货物运输方式多种多样，有海洋运输、铁路运输、航空运输、公路运输、邮包运输、管道运输、集装箱运输、联合运输等。其中，海洋运输是目前国际贸易活动中运用最为广泛的一种运输方式。

一、海洋运输

海洋运输(Ocean Transport)，是指利用轮船在国内外港口间通过航线运输货物的方式。海洋运输具有运载量大、通过能力强、对货物适应性强、相对运输成本低的优势；不足之处是速度慢，受自然条件影响大。全世界通过海洋运输的货物量占国际货物总量的80%以上，而我国则有 2/3 的进出口货物是由海洋运输来完成的。根据船舶的运营方式的不同，海洋运输可分为班轮运输和租船运输。

(一)班轮运输

班轮运输(Liner Transport)也称为定期船运输，是指按照预定的船期表，在固定的航线和港口来回运输货物，并收取相对固定费用的一种运输方式。

1. 班轮运输的特点

(1) "四固定"。固定航线，固定港口，固定船期，相对固定的运费率。
(2) "一负责"。船方负责货物装卸的所有费用，承托双方不计滞期费和速遣费。

由于班轮运输的以上特点，方便了交易双方掌握交货时间，安排运输，并且班轮运输一般不限制运输货物的品种和数量，因此适用于批量小、货种多、分散到港的货物。

2. 班轮运输的费用

班轮运输费用(Freight)是按照班轮运价表的规定来收取的。不同的班轮公司有不同的运价表，目前我国海洋班轮运输公司采用的是等级运价表，将承运的货物分成若干等级，每个等级的货物有一个基本费率，1 级费率最高，20 级费率最低。班轮运输费用由基本运费和附加费用组成，计算公式如下。

班轮运输费用=基本运费+附加费用=单位运费×运输数量×(1+附加费率)

在班轮运价表中，根据不同的货物，对运费的计收标准，通常采用如表 5.1 所示的几种方式。

表 5.1　班轮运费计收标准

计收标准	简　称	解　释
毛重	W	又称重量吨，以每公吨、每长吨或每短吨为单位计算运费
体积	M	又称尺码吨，以每立方米为一尺码吨
价格	A.V	又称从价运费，按 Fime 总价的百分率计算运费

计收标准	简　称	解　释
毛重或体积择高	W/M	在重量吨和尺码吨中选择收费高的作为计算运费标准
毛重、体积和价格择高	W/M/A.V	在重量吨、尺码吨和价格中收费高的作为计算运费标准
按货物的件数	Per Unit	多用于大宗低值货物、机械设备、牲畜等
临时议价		

　　除此之外，还有大宗低值货物按件数计算运费；机械设备、牲畜等按件数、个数来计算运费；或先按重量吨和尺码吨择高收费后再加上从价费收取运费的几种计价方法。

　　班轮运输附加费一览表如表 5.2 所示。

表 5.2　班轮运输附加费一览表

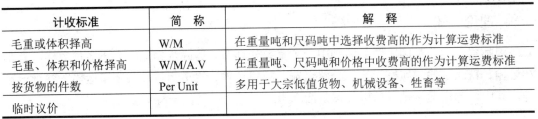

紧急燃油附加费(EBS)	原产地收货费(ORC)	自动舱单系统录入费(AMS)
集装箱不平衡附加费(CIC)	超长附加费(LLA)	入境摘要报关单(ENS)
紧急成本附加费(ECRS)	超重附加费(HLA)	选择卸货港附加费
苏伊士运河附加费(SCS)	综合费率上涨附加费(GRI)	变更卸货港附加费(ADS)
巴拿马运河附加费(PTF)	直航附加费(D/A)	冰冻附加费
旺季附加费(PSS)	绕航附加费(D/S)	洗舱费
港口拥挤附加费(PCS)	目的地交货费(DDC)	中国进口服务费(CISF)
临时风险附加费(TAR)	集装箱服务费(CSC)	空箱调运费(ERC)
码头操作费(THC)	货币贬值附加费(CAS、CAF)	

◎ **知识链接**

　　中国金原子贸易有限公司于上海运往肯尼亚蒙巴萨港门锁一批，300 箱，每箱体积为 20 cm × 30 cm × 40 cm，毛重为 20 kg，当时燃油附加费为 30%，蒙巴萨港口拥挤附加费为 10%，门锁属于小五金类，计收标准是 W/M，等级为 10 级，基本费率每运费吨 433 港元，计算：应付运费多少？

　　解：体积：$20 \times 30 \times 40 = 24\,000 \text{ cm}^3 = 0.024 \text{ m}^3$

　　　　重量：20 kg = 0.02 mt，

　　　　计费标准为 W/M 择高，而 0.02 < 0.024，应该以体积为计费标准。

　　　　总运费 = $433 \times (300 \times 0.024) \times (1 + 30\% + 10\%)$

　　　　　　　 = $433 \times 7.2 \times 1.4$

　　　　　　　 = 4 364.64(港元)

　　答：应付运费 4 364.64 港元。

◎ **想一想**

　　我国某公司出口商品 1 000 箱，每箱的体积为 30 cm × 60 cm × 50 cm，毛重为 100 kg，经查运费表该批货物的等级为 10 级，计收标准是 W/M，基本运费为 120 港元，另收燃油附加费 15%、旺季附加费 3%、港口拥挤费 10%。

　　计算：该批货物的运费是多少港元？

●知识链接

2017 年全球港口集装箱吞吐量前十名如表 5.3 所示。

表 5.3　2017 年全球港口集装箱吞吐量前十名

名次	港口	吞吐量统计/万吨	增速/%
1	上海	4 023	8.4
2	新加坡	3 367	9.0
3	深圳	2 521	4.6
4	宁波—舟山	2 461	14.1
5	釜山	2 140	10.0
6	香港	2 076	4.5
7	广州	2 037	9.6
8	青岛	1 826	1.4
9	崇拜	1 544	4.5
10	天津	1 521	4.9

3. 班轮船期表

班轮船期表(Liner Schedule)的主要内容包括航线、船名、航次编号、始发港、中途港、终点港的港名，到达和驶离的时间等。船期表有利于船舶、港口和货物的及时衔接，提高船舶的工作效率、服务质量和船公司航线经营的计划质量。班轮船期表可从船东官网、中国国际海运网等网站上查询。

(二)租船运输

租船运输(Chartering Transport)也称为不定期船运输，是指货主或其代理人向船公司包租整条船舶的一种运输方式。租船运输的航运内容根据船主与货主的事先租船合同来安排，没有固定的航线、港口、船期表和运价。这种运输方式主要适用于大宗货物运输，如粮食、木材、煤炭、矿砂等。租船运输可分为定程租船、定期租船、光船租船和航次期租四种方式。

1. 定程租船

定程租船是以航程为基础来计算运费的租船方式。它分为单程租船、来回程租船、连续单程租船、连续来回程租船、包运等方式。定程租船中，船舶的经营管理和航行中的一切开支均由船方负责。

2. 定期租船

定期租船是以期限为基础来计算运费的租船方式。在租赁期间，租船人根据合同规定的航区，可自由使用船舶。租船人负责租船期间产生的燃料费、港口费、装卸费等。船方负责船员工资、船舶维修等费用。

3. 光船租船

光船租船是指船主提供一艘不包括船员的船舶给承租人使用一段时间，并由承租人支付租金的租船方式。这种方式在当前国际贸易中很少使用。

4. 航次期租

这是近年来在国际贸易中刚兴起的一种介于定程租船与定期租船之间的租船方式，即以完成一个航次运输为目的，按完成航次所花的时间，按约定的租金率计算租金的方式。

二、铁路运输

铁路运输(Rail Transport)是仅次于海洋运输的主要运输方式。它的特点是运量大、速度快、成本较低，一般不受气候条件的限制，适合大宗、笨重货物的长途运输。我国对外贸易的铁路运输主要有国际铁路货物联运和对港铁路运输两种形式。

◉ **知识链接**

国际主要铁路干线

1. 西伯利亚大铁路

东起海参崴，途经伯力、赤塔、伊尔库次克、新西伯利亚、鄂木斯克、车里雅宾斯克、古比雪夫，止于莫斯科，全长 9 300 多千米。以后又向远东延伸至纳霍德卡—东方港。该线东连朝鲜和中国；西接北欧、中欧、西欧各国；南由莫斯科往南可接伊朗。我国与苏联、东欧国家及伊朗之间的贸易，主要用此干线。

2. 加拿大连接东西两大洋铁路

(1) 鲁珀特港—埃德蒙顿—温尼伯—魁北克 (加拿大国家铁路)。

(2) 温哥华—卡尔加里—温尼伯—散德贝—蒙特利尔—圣约翰—哈利法克斯(加拿大太平洋大铁路)。

3. 美国连接东西两大洋铁路

(1) 西雅图—斯波坎—俾斯麦—圣保罗—芝加哥—底特律(北太平洋铁路)。

(2) 洛杉矶—阿尔布开克—堪萨斯城—圣路易斯—辛辛那提—华盛顿—巴尔的摩(圣菲铁路)。

(3) 洛杉矶—图森—帕索—休斯顿—新奥尔良(南太平洋铁路)。

(4) 旧金山—奥格登—奥马哈—芝加哥—匹兹堡—费城—纽约(联合太平洋铁路)。

4. 中东—欧洲铁路

从伊拉克的巴士拉，向西经巴格达、摩苏尔、叙利亚的穆斯林米亚、土耳其的阿达纳、科尼亚、厄斯基色希尔至博斯普鲁斯海峡东岸的于斯屈达尔。过博斯普鲁斯大桥至伊斯坦布尔，接巴尔干铁路，向西经索非亚、贝尔格莱德、布达佩斯至维也纳，连接中、西欧铁路网。

(一)国际铁路货物联运

国际铁路货物联运，是指由两国或两国以上的铁路进行全程运送，铁路货物相互交接时不需要收、发货人参与，使用一份统一的国际联运票据的联合运输方式。目前，我国对领土接壤国家的进出口货物，都是采用国际铁路联运。国际上使用的相关公约主要有《国际铁路货物运输公约》和《国际铁路货物联运协定》。国际铁路货物联运具有以下特点。

(1) 在跨国间进行，局限在缔约国之间。

(2) 风险小，费用低，手续简单，省时。

(3) 运单一式五联，分正副本，副本用于结算货款。

(4) 运费按运输里程和车次收取。

(二)对港铁路运输

对港铁路运输由国内段铁路运输和港段铁路运输两段组成，但都按国内运输处理，是一种两段两票的特殊运输。它具有以下特点。

(1) 运输分大陆和香港两段完成。前段由内地发货地托运到深圳，交由外贸运输机构接货，后段由该机构同香港的有关中资机构负责运输至收货人，在深圳需要办理进出口报关手续。

(2) 运输费用在内地段用人民币支付，香港段用港币支付。

(3) 运输过程中签发具有法律效力的货物承运收据。

三、航空运输

航空运输(Air Transport)是使用飞机、直升机及其他航空器运送人员、货物、邮件的一种运输方式。它具有速度快、货损少、不受地面条件限制等优点，适宜运送急需物资、鲜活商品、精密仪器和贵重物品等。其缺点是运量小、成本高。

◉ 知识链接

国际三大航空运输组织如表5.4所示。

表5.4 国际三大航空运输组织

名称	缩写	LOGO	简介
国际民用航空组织	ICAO		国际民用航空组织(民航组织)是联合国的一个专门机构，1944年为促进全世界民用航空安全、有序的发展而成立。民航组织总部设在加拿大蒙特利尔

名称	缩写	LOGO	简介
国际航空运输协会	IATA		国际航空运输协会1919年成立于荷兰海牙，总部设在加拿大的蒙特利尔，执行总部在瑞士日内瓦。它是由各国定期航班航空公司组成的行业组织，实际上所有从事定期航空运输的空运企业都是该组织的会员
国际货运代理协会联合会	FIATA		国际货运代理协会联合会是一个非营利性国际货运代理的行业组织。该会于1926年5月31日在奥地利维也纳成立，总部现设在瑞士苏黎世

航空运输经营的形式主要有班机运输、包机运输和专机运输。航空运输通常以班机运输为主，后两种是按需要临时安排。班机运输是按班机时刻表，以固定的机型沿固定航线、按固定时间执行运输任务。当待运客货量较多时，还可组织沿班机运输航线的加班飞行。

航空运单不是物权凭证，不能流通转让。承运人有航空公司和航空货运代理人两种形式。航空运费一般以千克计算，不同的货物有不同的运费率。

四、公路运输

公路运输(Road Transport)是一种现代化的运输方式，网络覆盖面极广，能满足"门到门"的运输需求，具有机动灵活、简单方便的特点，是车站、港口和机场集散进出口货物的重要手段。公路运输的缺点是装载量小、成本高、易货损。

五、邮包运输

邮包运输(Parcel Post Transport)具有运输简便、费用少的特点，适用于轻便(20千克内)、小巧(长1米内)的货物样品、药品、机器零件等的运输。国际邮包具有国际多式联运和门到门运输的特点。近年来，特快专递业务发展迅速，我国同许多国家签订了邮政运输协议，为我国对外贸易货物的邮包运输提供了便利。

六、管道运输

管道运输(Pipeline Transport)是利用管道运输气体、液体和粉状固体的一种运输方式。管道运输前期铺设需要大量投入，但后期运输成本低，同时具有安全可靠、占地少、连续性强的特点，可以用来运输石油、天然气、煤浆等物资。目前，我国有"西气东输"和"俄气南送"两大能源项目。

七、集装箱运输

集装箱(Container)，是指能反复使用的，有足够保护货物安全的强度，便于货物的装卸，在转运过程中能够不移动箱内货物就可直接换装，而且具有 $1m^3$ 以上的内容积的一个容器。集装箱运输，是指将一定数量的单件货物装入集装箱内，以集装箱为单位进行运输的一种现代化运输方式。它适用于海洋运输、铁路运输和国际多式联运等。

(一)集装箱运输的特点

集装箱运输的特点有：集装箱运输节省包装、货损小、成本低，所以经济效益好；集装箱运输涉及面广、环节多、影响大，所以协作程度高；集装箱在不同交通工具衔接时装卸运作快、所需人手少、换装时间短、周转灵活，所以运输效率高，适于组织多式联运。

(二)集装箱的货物交接

集装箱的装箱方式分为整箱货(Full Container Load，FCL)和拼箱货(Less than Container Load，LCL)。整箱货是指发货人、收货人与承运人交接的货物是一个(或多个)装满货物的集装箱。发货人自行装箱并办好加封等手续，承运人接收的货物是外表状态良好、铅封完整的集装箱；拼箱货是指货主托运零散或小数量的货物由承运人负责装箱的一种方式。承运人接到这种货物后，按性质和目的地进行分类，把同一目的地、性质相同的货物拼装进同一个集装箱进行运输。

集装箱货物的交接形态有以下四种：整箱交、整箱接(FCL/FCL)，拼箱交、拆箱接(LCL/LCL)，整箱交、拆箱接(FCL/LCL)，拼箱交、整箱接(LCL/FCL)。

集装箱的交接点有门(Door，DR)，堆场(Container Yard，CY)和货运站(简称站，Container Freight Station，CFS)。这三个交货地点组合成以下九种交接方式：门到门、门到场、门到站、场到门、场到场、场到站、站到门、站到场、站到站。

八、联合运输

国际多式联运(International Multimodal Transport)，是指按照多式联运合同，以至少两种不同的运输方式，由多式联运经营人把货物从一国境内接运货物的地点运至另一国境内指定交付货物的地点。

构成多式联运应具备以下条件。

(1) 必须有一个多式联运合同。

(2) 必须是两种或两种以上不同运输方式的连贯运输。

(3) 必须使用一份包括全程的多式联运单据。

(4) 必须是国际货物运输。

(5) 必须由一个多式联运经营人对全程运输负总的责任。

(6) 必须是全程单一运费费率。

九、大陆桥运输

大陆桥运输(Land Bridge Transport)，是指利用横贯大陆的铁路(公路)运输系统，作为中间桥梁，把大陆两端的海洋连接起来的集装箱连贯运输方式。简单地说，就是两边是海运，中间是陆运，大陆把海洋连接起来，形成海—陆联运。其目的在于缩短运输距离、减少运输时间和节约运输总费用支出。

世界上的大陆桥运输路线主要有北美大陆桥、西伯利亚大陆桥和新亚欧大陆桥。

1. 北美大陆桥

北美大陆桥是指从日本东向，利用海路运输到北美西海岸，再经由横贯北美大陆的铁路线，陆运到北美东海岸，再经海路运箱到欧洲的"海—陆—海"运输结构。

北美大陆桥包括美国大陆桥运输和加拿大大陆桥运输。美国大陆桥有两条运输线路：一条是从西部太平洋沿岸至东部大西洋沿岸的铁路和公路运输线；另一条是从西部太平洋沿岸至东南部墨西哥湾沿岸的铁路和公路运输线。

2. 西伯利亚大陆桥

西伯利亚大陆桥(或称第一亚欧大陆桥)全长 13 000km，东起俄罗斯东方港，西至俄芬(芬兰)、俄白(白俄罗斯)、俄乌(乌克兰)和俄哈(哈萨克斯坦)边界，过境欧洲和中亚等国家。

3. 新亚欧大陆桥

新亚欧大陆桥，也称第二亚欧大陆桥。该大陆桥东起中国的连云港，西至荷兰鹿特丹港，全长 10 837 km，其中在中国境内 4 143 km，途径中国、哈萨克斯坦、俄罗斯、白俄罗斯、波兰、德国和荷兰 7 个国家，可辐射 30 多个国家和地区。

第二节 运 输 条 款

 情境案例

夏利经过红姐的指点，知道对于卖方来说，出口货物的租船订舱是整个出口业务中的重要环节之一。由谁负责办理运输手续并支付运费，是由买卖双方所协商采用的贸易术语决定的。现在 Jane Anderson 要求夏利改报 CIF London 价格，则是希望由夏利他们负责安排货物的运输事宜并承担货物的相关运费。

夏利根据红姐的指导及他从货运部获知的信息，致函 Jane Anderson，协商装运日期及装运方式。他们希望能达成这样的共识：收到信用证后 60 天内装运，允许分批装运和转运。

情境问答

亲爱的同学们，请根据自己的初步认知，思考并回答以下问题。

① 夏利他们为什么希望收到信用证后才安排装运？

答：_____

_____

_____

② 夏利他们为什么希望能允许分批装运和转运？

答：_____

_____

_____

理论认知

在国际贸易合同中，运输条款是必不可少的一部分。它的具体内容包括装运时间、装运地和目的地、装运方式、装运通知和滞期、速遣条款等。

一、装运时间

装运时间(Time)又称装运期，是指卖方将合同规定的货物装上运输工具或交给承运人的期限。装运时间是国际货物买卖合同的主要交易条款，是卖方是否按合同履行了交货义务及承运人责任期间的重要依据。

(一)装运时间的规定方法

1. 明确规定具体期限

双方约定一个具体的装运时间，如规定在某月装运或跨月装运或某日前装运。这种规定方式含义明确，便于卖方备货，在大宗货物交易中应用较广。

2. 规定收到信用证后若干天装运

这种规定方式有利于卖方及时、安全地收汇和结汇。它对双方都有约束和催促的作用，也是目前一种常见的装运期规定方式。为避免买方故意拖延开证时间以致装运期无法确定，可在合同中增加一条限制买方开证时间的规定，争取主动。

(二)规定装运期的注意事项

1. 考虑船货的准备时间

在确定时间时要考虑到货准备的时间和船期的实际情况，避免出现备货不及和无船装运的情况发生。

2. 文字上避免歧义

装运期的规定不可出现模糊不清的约定，避免引起争议，如立刻、迅速、马上、尽快等字词。

3. 装运时间长短要合适

规定时间过长对买方不利，不利于资金周转；规定时间过短不利于信用证的开具和装运船货的准备。

> **●知识链接**
>
> 交货时间与装运时间
>
> 在国际贸易中，交货时间(Time of Delivery)和装运时间(Time of Shipment)是两个不同的概念。
>
> 在使用 FOB、CIF、CFR 以及 FCA、CIP、CPT 等贸易术语签订的买卖合同中，卖方在装运港或装运地将货物装上船只或交付给承运人监管就算完成了交货义务，因此在这些术语项下，二者概念一致。
>
> 但若采用 DAT、DAP 等术语达成交易时，交货时间是指货物运到目的地交给买方的时间，而装运时间是指卖方将货物装上船或其他运输工具的时间。所以，按照 D 组术语成交的合同，二者是两个完全不同的概念。

二、装运地和目的地

装运地指的是将货物装上运输工具的地点，一般由卖方提出，买方确认。目的地指的是将货物卸离运输工具的地点，一般由买方提出，卖方确认。一般情况下，一笔交易只规定一个装运地和一个目的地，少数大宗交易会订立两个或两个以上的地点供选择。

在选择装运地和目的地时应该标明具体的地名或港口名，以免因地名或港口名重复而发生混淆，产生误会。对于一方或多方内陆国家的国际贸易，要慎重选择贸易港口。

三、装运方式

(一)分批装运

分批装运(Partial Shipment)，是指同一个合同的货物先后分若干期或若干次装运。一般来说，允许分批装运和转运对卖方来说比较主动。根据《UCP 600》的规定，除非信用证另有规定，准许分批装运。但是，如果信用证规定不准分批装运，卖方就无权分批装运。

规定允许分批装运的方法有两种：一是只规定允许分批装运，对于分批的时间、批次和数量均不作规定；二是在规定分批装运条款时具体列名分批的期限和数量。

特别注意《UCP 600》中规定的以下两种情况。

(1) 同一航次、同一运输工具、同一目的地的多次装运，将不视为部分发运，即便运输单据上标明的发运日期不同或装货港、接管地或发运地点不同。

(2) 如果信用证中规定了在指定时间内分批装运的，若其中任何一批未按约定时间装运，则该批和以后各批均告失效。

◎ 想一想

　　我国某公司与英商按 CIF 伦敦签约，出口瓷器 10 000 件，合同与信用证均规定"装运期 3—4 月份，每月装运 5 000 件，允许转船"。我方于 3 月 30 日将 5 000 件装上"万胜"轮，取得 3 月 30 日的提单，又在 4 月 2 日将余下的 5 000 件装上"风庆"轮，取得 4 月 2 日的提单，两轮均在香港转船由"曲兰西克"一轮运至目的港。

　　请问：(1)本例做法是否属分批装运？为什么？

　　(2)卖方能否安全收汇？为什么？

(二)转运

转运(Transhipment)也叫转船，是指在装运港和卸货港间的海运过程中，货物从一艘船卸下再装上另一艘船的运输。转船容易造成货损或丢失，也会增加运输时间。所以对于是否转船应该在合同中表明。一般情况下如果信用证中没有注明是否允许分批和转船的，都默认是允许分批和转船。

四、装运通知

装运通知(Shipping Advice)，是出口商向进口商发出货物已于某月某日或将于某月某日装运某船的通知。装运通知的内容通常包括货名、装运数量、船名、装船日期、契约或信用证号码等。装运通知的作用在于方便买方购买保险。

五、滞期、速遣条款

在大宗商品交易的定程租船合同中，为了明确双方的装卸责任，并使买卖合同与租船合同内容吻合，应该结合商品特点和港口条件，对装卸时间、装卸率和滞期费、速遣费等作具体规定。

(一)装卸时间

装卸时间(Laytime)是指装货和卸货的期限。装卸时间的规定方法很多，其中主要有以下几种。

(1) 日或连续日。装卸日开始后，即使中间遇到实际不进行装卸的星期日、节假日或雨雪日也不扣除，一律作为装卸日计算。这种规定对租船人不利。

(2) 工作日。是指节假日以外的日数，也就是说星期日和节假日不计入工作时间。

(3) 累计 24 小时好天气工作日。这是指在好天气情况下，不论港口习惯作业为几小时，均以累计 24 小时实际作业时间作为一个工作日。这种规定对租船人有利，但对船方不利。

(4) 连续 24 小时好天气工作日。这是指在好天气情况下，可以作业的 24 小时算一个工作日，而不管实际是否作业，中间因坏天气影响而不能作业的时间应予扣除。这种方法一般适用于昼夜作业的港口。当前，国际上普遍采用这种规定，我国一般都采用此种规定办法。

(二)装卸率

装卸率是指每日装卸货物的数量。装卸率的具体确定，一般应按照习惯的正常装卸速度，并根据实事求是的原则来确定。装卸率的高低关系到完成装卸任务的时间和运费水平，装卸率规定过高或过低都不合适：规定过高，完不成装卸任务，要承担滞期费的损失；反之，规定过低，船舶在港时间长而增加运费，致使租船人得不偿失。因此，装卸率的规定应适当。

(三)滞期费和速遣费

采用程租船运输时，滞期费与速遣费是买卖合同和租船合同中均要涉及的重要问题，也是滞期、速遣条款的主要内容之一。滞期费(Demurrage)是指如果在装卸期限内，租船人未能完成装卸任务，延误了船期，应向船方支付一定的罚金，它相当于船舶因滞期而发生的损失和费用。速遣费(Dispatch)是指如租船人按约定时间提前完成装卸任务，船方要按其在装卸港所节省的停泊时间向租船人支付一定的奖金。通常，速遣费一般相当于滞期费的一半。

第三节 运输单据

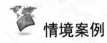

情境案例

夏利最近正在办理货物运输事宜。他致电 Jane Anderson 询问其能否接受收货待运提单。对方表示不接受收货待运提单。同时，夏利已经被这些单据弄晕了。于是，又去请教红姐。

红姐告诉夏利，在实际装运过程中，货物运输需要托运人和承运人很好地衔接。托运人需要在填制托运联单(包括托运单、装货单、收货单等)后，向承运人的代理人办理货物托运手续。代理人接受托运后，将承运的船名填入托运联单内，并留存托运单，其他联单退还托运人，托运人凭以到海关办理报关手续。海关如果同意放行，则在装货单上盖上放行章，托运人凭以向港口仓库发货或直接装船，然后将装运单、收货单送交理货公司。船舶抵达装运港后，理货公司凭以理货装船。每一票货物装上船后，大副留存装货单，签署收货单。理货公司将收货单退还托运人。托运人凭收货单向代理人换取海运提单。海运提单是交接货物、处理索赔和理赔以及结算货款的重要单据，它的正确性将影响到货款的安全。

情境问答

亲爱的同学们，请根据自己的初步认知，思考并回答以下问题。

① 运输单据有什么用？

答：_____

_____

_____

② 对方为什么不接受收货待运提单？

答：_____

_____

_____

理论认知

运输单据是指承运人收到货物后签发给托运人的证明文件。它们具体反映了同货物运输有关的当事人(如发货人、承运人、收货人等)的责任与权利，是货物运输业务中最重要的文件，也是结汇的主要单据。运输单据包括海运提单、铁路运单、航空运单和多式联运提单。

一、海运提单

(一)海运提单的概念

海运提单(Ocean Bill of Lading)是由船长或代理人签发的，证明已收到指定货物并承诺将货物安全运达目的地交付收货人的书面凭证。在运输提单中，海运提单使用最广泛、最具特色和最完整。

(二)海运提单的性质和作用

(1) 海运提单是承运人出具的货物收据，证明承运人已收到货物。

(2) 海运提单是一份货物运输合同成立的证明。

(3) 海运提单是货物所有权的凭证，在法律上有物权证书的作用。

(三)海运提单的种类

1. 根据货物是否已装船分

根据货物是否已装船，海运提单可分为已装船提单和备货待运提单。

已装船提单(On Board B/L)，是指承运人将货物装上指定船舶后，签发给托运人的提单。其特点是货物已上船，有装船日期和船长签名。

备货待运提单(Received for Shipment B/L)，是指承运人收到货物正在等待装船时签发

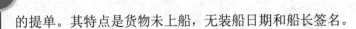

的提单。其特点是货物未上船，无装船日期和船长签名。

2. 根据提单收货人抬头的不同分

根据提单收货人抬头的不同，海运提单可分为记名提单、指示提单和不记名提单。

记名提单(Straight B/L)，是指提单收货人栏内注明具体收货人名称，只能由收货人本人提货的提单。其特点是安全，但不能转让流通，在国际贸易中很少使用。

指示提单(Order B/L)，是指提单收货人栏内填写"凭指示"或"凭某人指示"字样的提单。此种提单可以凭指示背书进行转让流通，较灵活，所以在国际贸易中被广泛使用。

不记名提单(Blank B/L)，是指提单正面未载明收货人名称的提单。不记名提单的收货人一栏中空白不填或填写"持有人"的字样。在签发不记名提单时，承运人应向提单的持有人交付货物。

◉ **知识链接**

> 背书分为记名背书和空白背书两种。
>
> 记名背书是指提单转让人在提单背面签名，并注明提单受让人名称。如果要再次转让，必须再注明下一位提单受让人名称。空白背书是指提单转让人在提单背面签名，但不注明提单受让人名称。
>
> 目前在国际贸易中，使用最多的是"凭指示"并经空白背书的提单，俗称"空白抬头、空白背书提单"。

3. 根据提单上有无不良批注分

根据提单上有无不良批注，海运提单可分为清洁提单和不清洁提单。

清洁提单(Clean B/L)，是指货物在装船时外表状况良好，承运人未加任何货损、包装不良或其他有碍结汇等批注的提单。

不清洁提单(Unclean B/L)，是指承运人在提单上加注有货物及包装状况不良或存在缺陷，如水湿、油渍、污损、锈蚀、破损、包装不牢等批注的提单。

根据《UCP 600》的规定，银行拒收不清洁提单。有些客户信用证要求在海运提单上显示"CLEAN ON BOARD"字样，实际上只要是没有特殊批注的提单均属于清洁提单，不影响银行结汇。而一般船公司都不会在提单上显示"CLEAN ON BOARD"。

◉ **想一想**

> 银行为什么拒收不清洁提单？

4. 根据运输方式不同分

根据运输方式不同，海运提单可分为直达提单、转船提单和联运提单。

直达提单(Direct B/L)，是指货物从装运港装运后，中途不经转船直接运至目的港。

转船提单(Transhipment B/L)，是指当货物的运输不是由一条船直接运到目的港，而是在中途需转换另一船舶运往目的港时，船方签发的包括全程的提单。

联运提单(Through B/L)，是指须经两种或两种以上运输方式(如海陆、海河、海空、海海等)联运的货物,由第一承运人(第一程船运输的承运人)收取全程运费后,在起运地签发到目的港的全程运输提单。联运提单虽然包括全程运输,但签发提单的各程承运人只对自己运输的一段航程中所发生的货损负责。这种提单与转船提单性质相同。

(四)海运提单的内容和格式

1. 海运提单的内容

虽然国际上船公司很多,但海运提单的基本内容和格式大致相同。提单正面的内容主要包括承运人的名称和主要营业所,船舶名称,托运人的名称,收货人的名称,装货港和在装货港接收货物的日期,卸货港,货物的品名、标志、包数或者件数、重量或者体积,以及运输危险货物时对危险性质的说明,提单的签发日期、地点和份数,运费的支付,承运人或者其代表的签名盖章等。提单背面印定的条款规定了承运人与货方之间的权利、义务和责任豁免,是双方当事人处理争议时的主要法律依据。

2. 海运提单的格式

海运提单的格式如表 5.5 所示。

表 5.5   BILL OF LADING(海运提单)

(1)SHIPPER		(8)B/L NO.		
(2)CONSIGNEE				
(3)NOTIFY PARTY		COSCO		
(4)PLACE OF RECEIPT	OCEAN VESSEL	CHINA OCEAN SHIPPING(GROUP)CO.		
VOYAGE NO.	(5)PORT OF LOADING	ORIGINAL		
(6)PORT OF DISCHARGE	(7)PLACE OF DELIVERY	COMBINED TRANPORT BILL OF LADING		
(9)MARKS	(10)NOS.&KINDS OF PKGS	(11)DESCRIPTION OF GOODS	G.W.(KG)	(12)MEAS(M^3)

(13)TOTAL NUMBER OF CONTAINERS OR PACKAGES (IN WORDS)					
FREIGHT & CHARGES	REVENUE TONS	RATE	PER	PREPAID	COLLECT
PREPAID AT	PAYABLE AT	(14)PLACE AND DATE OF ISSUE			
TOTAL PREPAID	(15)NUMBER OF ORIGINAL B(S)L	(16)DATE			
LOADING ON BOARD THE VESSEL		BY			

二、铁路运单

铁路运输分为国际铁路联运和通往港澳的国内铁路运输，分别使用国际铁路货物联运单和承运货物收据。

国际铁路货物联运所使用的运单是铁路与货主间缔结的运输契约的证明，称为铁路运单。此运单正本从始发站随同货物附送至终点站并交给收货人，是铁路同货主之间交接货物、核收运杂费用和处理索赔与理赔的依据。运单副本是卖方凭以向银行结算货款的主要证件。

通过铁路对港、澳出口货物时，由于国内铁路运单不能作为对外结汇的凭证，故使用"承运货物收据"这种特定性质和格式的单据。它既是承运人出具的货物收据，也是承运人与托运人签订的运输契约的证明。承运货物收据只有第一联为正本，反面印有"承运简章"，载明承运人的责任范围。

三、航空运单

航空运单(Airway Bill)是由承运人或其代理人签发的重要的货物运输单据，是承托双方的运输合同，其内容对双方均具有约束力。航空运单也是承运人据以核收运费的账单，承运人往往也将其中的承运人联作为记账凭证。同时它也具有报关单证和保险证书的作用。

航空运单不是物权凭证，不能通过背书转让。收货人提货不是凭借航空运单，而是航空公司的提货通知单。

航空运单的正本一式三份，每份都印有背面条款，其中一份交发货人，是承运人或其代理人接收货物的依据；第二份由承运人留存，作为记账凭证；最后一份随货同行，在货物到达目的地，交付给收货人时作为核收货物的依据。

四、多式联运提单

多式联运提单(Multimodal Transport B/L)是参与运输的两种或两种以上运输工具协同完成所签发的提单，主要用于成组化的货物，特别是集装箱运输。它把海、陆、空单一运输有机结合起来，以全程提单来完成一笔跨国进口货物业务的运输。组成多式联运的运输方式中第一程必须是海运。

多式联运把多种不同的运输方式连接为一个运输过程，其提单的性质和责任分担较之于一般的提单复杂。签发联运提单时，为了避免各国法律规定的分歧和明确责任，船方可以注明对于联运的全程均以《海牙规则》作为责任依据，或注明只对海运过程负责；如未注明，船方就必须对承运货物的全程负责。

实训项目

1. 根据小组贸易背景选择适当的运输方式。
2. 小组讨论、商定装运条款应当包括什么内容，并用中英文拟订。
3. 小组根据选用的运输方式，选择对应的运输单据。
4. 如果采用海洋运输方式，请完善海运提单的填写。

练 习 题

一、名词解释

班轮 租船运输 海运提单 分批装运 滞期费 速遣费

二、填空题

1. 海洋运输的特点是_____、_____、_____。
2. 按照船舶的经营方式分类，海洋运输可分为_____和_____。
3. 班轮运输的"四固定"是_____、_____、_____和_____。
4. 根据收货人抬头的不同，提单可分为_____、_____和_____。
5. 集装箱货物的交接形态有_____、_____、_____和_____四种。

三、单项选择题

1. 班轮运输的运费应该包括( )。
   A. 装卸费，不计滞期费、速遣费　　B. 装卸费，但计滞期费、速遣费
   C. 卸货费和滞期费，不计速遣费　　D. 卸货费和速遣费，不计滞期费

2. 船公司一般按货物的( )重量计收运费。
   A. 净重　　　　B. 毛重　　　　C. 法定重量　　　　D. 理论重量

3. 当贸易术语采用 CIF 时，海运提单对运费的表示应为( )。
   A. Freight Prepaid　　　　　　　　B. Freight Collect
   C. Freight Pre-payable　　　　　　D. Freight Unpaid

4. 在进出口业务中，能够作为物权凭证的运输单据有( )。
   A. 铁路运单　　B. 海运提单　　C. 航空运单　　　　D. 邮包收据

5. 在进出口业务中，出口商完成装运后，凭( )向船公司换取正式提单。
   A. 发货单　　　B. 装箱单　　　C. 大副收据　　　　D. 商业发票

6. 必须经背书才能进行转让的提单是( )。
   A. 记名提单　　B. 不记名提单　C. 指示提单　　　　D. 海运提单

7. 签发国际多式联运提单的承运人的责任是( )。
   A. 只对第一程运输负责　　　　　　B. 必须对全程运输负责

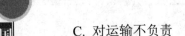

C. 对运输不负责　　　　　　　　　D. 只对最后一程运输负责

8. 我国某公司与外商签订一份 CIF 出口合同，以 L/C 为支付方式。国外银行开来的信用证中规定："信用证到期日为 6 月 10 日，最迟装运期为 5 月 31 日。"我方加紧备货出运，于 5 月 21 日取得大副收据，并换回正本已装船清洁提单，我方应不迟于(　　)向银行提交单据。

A. 5 月 21 日　　　B. 5 月 31 日　　　C. 6 月 10 日　　　D. 6 月 11 日

9. 信用证的到期日为 12 月 31 日，最迟装运期为 12 月 15 日，最迟交单日期为运输单据出单后 15 天，出口人备妥货物安排出运的时间是 12 月 10 日，则出口人最迟应于(　　)向银行交单议付。

A. 12 月 15 日　　　B. 12 月 25 日　　　C. 12 月 20 日　　　D. 12 月 31 日

10. 按《UCP 600》解释，若信用证条款中未明确规定是否"允许分批装运""允许转运"，则应视为(　　)。

A. 可允许分批装运，但不允许转运　　　B. 可允许分批装运和转运
C. 可允许转运，但不允许分批装运　　　D. 不允许分批装运和转运

11. 海运提单日期应理解为(　　)。

A. 货物开始装船的日期　　　　　　　B. 货物装船过程中任何一天
C. 货物装船完毕的日期　　　　　　　D. 签订运输合同的日期

12. 我方出口孟加拉一批货物，以 CFR 价格条件成交，该货物于 8 月 15 日开始装船，8 月 18 日装毕，8 月 20 日启航，9 月 6 日抵达目的港，9 月 8 日客户提货，我方交货日期是(　　)。

A. 8 月 15 日　　　　　B. 8 月 18 日　　　　　C. 8 月 20 日
D. 9 月 6 日　　　　　E. 9 月 8 日

13. 在国际贸易中，海运提单的签发日期是指(　　)。

A. 货物开始装船的日期　　　　　　　B. 货物全部装船完毕的日期
C. 货物装船完毕船舶启航的日期　　　D. 货物到达目的港的日期

14. "W/M plus Ad.val"的含义是(　　)。

A. 货物重量或尺码
B. 货物重量加尺码
C. 货物重量、尺码或价值选较高的
D. 货物重量或尺码选较高的再加上从价运费

15. 银行在结汇时，一般只接受(　　)。

A. 清洁提单　　　B. 备运提单　　　C. 不清洁提单　　　D. 记名提单

四、多项选择题

1. 班轮运输的特点是(　　)。

A. 定线、定港、定期和相对稳定的运费费率
B. 由船方负责对货物的装卸，运费中包括装卸费，不规定滞期、速遣条款

C. 承运货物的品种、数量较为灵活

D. 双方权利、义务、责任豁免以船公司签发的提单的有关规定为依据

2. 按提单对货物表面状况有无不良批注，可分为(　　)。

A. 清洁提单　　　B. 不清洁提单　　C. 记名提单　　　D. 不记名提单

3. 海运提单的性质与作用主要是(　　)。

A. 它是海运单据的唯一表现形式

B. 它是承运人或其代理人出具的货物收据

C. 它是代表货物所有权的凭证

D. 它是承运人与托运人之间订立的运输契约的证明

4. 租船运输包括(　　)。

A. 定期租船　　　B. 集装箱运输　　C. 班轮运输　　　D. 定程租船

5. 国际货物买卖合同中可以采用的装运期的规定方法有(　　)。

A. 规定在某一天装运　　　　　　B. 规定在收到信用证后若干天内装运

C. 笼统地规定装运期　　　　　　D. 明确规定具体的装运期限

6. 国际货物买卖中比较常见的装运港和目的港的规定方法有(　　)。

A. 笼统地规定装运港和目的港

B. 一般情况下，只规定一个装运港和一个目的地

C. 大宗商品可规定两个装运港和目的港

D. 在双方洽商暂无法确定装运港和目的港时，可采用选择港方式

7. 联运提单与国际多式联运单据在性质上的区别是(　　)。

A. 适用的范围不同　　　　　　　B. 签发人不同

C. 签发人对运输负责的范围不同　D. 运费率不同

8. 《UCP 600》对分批装运所作的规定主要有(　　)。

A. 运输单据表明货物是使用同一运输工具并经由同一路线运输的，即使运输单据注明装运日期及装运地不同，只要目的地相同，也不视为分批装运

B. 除非信用证另有规定，允许分批装运

C. 除非信用证另有规定，不允许分批装运

D. 如果信用证规定在指定的时间内分批装运，若其中任何一批未按约定的时间装运，则信用证对该批和以后各批均告失效

9. 必须规定货物的装卸港口与货物的具体名称和数量的运输方式是(　　)。

A. 程租船　　　　B. 期租船　　　　C. 班轮运输　　　D. 光船租船

10. 在进出口业务中，不能作为物权凭证的运输单据有(　　)。

A. 铁路运单　　　B. 海运提单　　　C. 航空运单　　　D. 邮包收据

五、判断题

1. 重量吨和尺码吨统称为运费吨。　　　　　　　　　　　　　　　(　　)

2. 一重量吨就是一公吨，一尺码吨就是一立方米。　　　　　　　　(　　)

3. 海运提单如果有三份正本，那么凭其中任何一份即可在卸货港向船公司或船代理提货。（　　）

4. 如果合同中规定装运条款为"2018 年 7/8 月份装运"，那么我出口公司必须将货物于 7 月、8 月两个月内，每月各装一批。（　　）

5. 国际铁路货物联运的运单副本，可以作为发货人据以结算货款的凭证。（　　）

6. 按惯例，速遣费通常为滞期费的一半。（　　）

7. 根据《跟单信用证统一惯例》的规定，如果信用证中没有明确规定是否允许分批装运及转船，应理解为允许。（　　）

8. 记名提单和指示提单同样可以背书转让。（　　）

9. 清洁提单是指不载有任何批注的提单。（　　）

10. 货轮运费计收标准的"W/M Plus Ad Val"是指计收运费时，应选择三者中较高的作为计收运费的标准。（　　）

六、案例分析题

1. 有一份 CIF 合同，出售矿砂 5 000 公吨，合同的装运条款规定："CIF Hamburg，2018 年 2 月份由一船或数船装运。"卖方于 2 月 15 日装运了 3 100 公吨，余数又在 3 月 1 日装上另一艘轮船。当卖方凭单据向买方要求付款时，买方以第二批货物延期装运为由，拒绝接受全部单据，并拒付全部货款。请问：买方可否拒绝接受全部单据，并拒付全部货款？

2. 有一份合同，出售中国丝苗大米 10 000 公吨。合同规定："自 2 月份开始，每月装船 1 000 公吨，分 10 批交货。"卖方从 2 月份开始交货，但交至第 5 批大米时，大米品质有霉变，不适合人类食用，因而买方以此为理由，主张以后各批交货均应撤销。请问：在上述情况下，买方能否主张这种权利？为什么？

3. 有一份出售成套设备的合同，合同规定分 5 批交货。但在第 3 批交货时，买方发现交货的品质有严重缺陷，根本达不到合同所规定的技术标准。因此，买方主张全部合同无效。请问：在上述情况下，买方能否主张这种权利？为什么？

七、实操题

1. 上海出口到巴西衬衣 100 立方米，需经香港转船后运往目的港。假定该货物运费等级为 10 级，计费标准为"M"，第一程每运费吨费率为 25 美元，第二程每运费吨费率为 140 美元，中转费每运费吨费率为 75 港元(1 美元=7.8 港元)，燃油附加费 10%。请计算该批货物的运费。

2. 某商品每箱毛重 30 千克，体积 0.05 立方米，共出口 40 箱。原报价每箱 30 美元 FOB 上海。现客户要求改报 CFR ＸＸ港。经查该商品计费标准为 W/M，每运费吨费率为 200 美元，港口附加费 10%。请问我方现应如何报价？

3. 我公司向澳大利亚出口商品 1 000 箱，经香港中转，用纸箱包装，每箱毛重 50 千克，体积为 0.06 立方米，运费计算标准。W/M10 级，基本运费为 400 元人民币，加燃油附加费 29%，绕航附加费 18%。请问应付多少人民币运费？(100 港元=80 元人民币)

4. 按照下列要求制定进出口合同中的装运条款：(1)2018 年 10 月装运，允许分批，允许转运；(2)不迟于 6 月 15 日装运，不允许分批，不允许转运。

第六章　货物运输保险

学习目标

- 认识海运的风险和损失，了解保险的特点和保障范围。
- 掌握海洋运输保险的险别和承保范围。
- 能够正确计算保险金额、保险费。
- 掌握拟订合同中保险条款的知识。

第一节　保险的保障范围

情境案例

承第五章案例，夏利寄送给 Jane Anderson 的价目表中商品报价是 USD 14/PC FOB XinGang。Jane Anderson 复函要求夏利改报 CIF London 价格。可是对于 CIF 价格和 FOB 价格的差异，夏利并不清楚，于是去请教红姐。红姐告诉夏利，两者之间的价格差异在于：我方如果采用 CIF 报价，将会比采用 FOB 报价多承担了国外运费和保险费用。

红姐告诉夏利，在保险业务中，风险、损失、费用和险别四者之间有着紧密的联系。风险是造成损失和费用的起因。保险险别不同，保险人对风险和损失的承保责任也会有所不同。所以，红姐建议夏利就保险这一块，先跟 Jane Anderson 协商沟通以下问题：货物在海洋运输途中可能遭遇的风险、损失和费用，发生全损或部分损失的可能概率以及是否所有的风险、损失和费用均希望得到保险人的承保。

情境问答

亲爱的同学们，请根据自己的初步认知，思考并回答以下问题。

① 货物在海洋运输过程中会遭遇风险吗？如果会，有可能是什么风险？

答：_____

_____

② 货物遭遇风险，如果你是货主，你希望得到补偿吗？如果有补偿，将会由谁做出？

答：_____

_____

_____

理论认知

国际货物运输保险有海运货物保险、陆运货物保险、航空货运保险和邮包运输货物保险。由于海洋运输是国际贸易中的主要运输方式，而其他运输保险都是借鉴海运货物保险的基本原则和做法，所以本节主要介绍海运货物保险。海运货物保险保障的范围，主要由风险、损失和费用三部分组成。如表 6.1 所示。

表 6.1　海上货物运输的风险、损失和费用

风险	海上风险	自然灾害
		意外事故
	外来风险	一般外来风险
		特殊外来风险
损失	全部损失	实际全损
		推定全损
	部分损失	单独海损
		共同海损
费用	施救费用	
	救助费用	
	续运费用	
	额外费用	

一、风险

在国际贸易中，货物在海上运输、装卸和储存过程中，可能会遇到各种不同的风险，主要分为海上风险和外来风险。

(一)海上风险

海上风险(Marin Perils)，是指在海上、内河所发生的风险，一般包括自然灾害和意外事故。

1. 自然灾害

自然灾害(Natural Calamities)，是指不以人的意志为转移的自然力量所造成的灾害，包括恶劣气候、雷电、海啸、暴风、巨浪、地震、洪水、火山爆发等人力不可抗拒的灾害。

2. 意外事故

意外事故(Fortuitous Accidents)，是指由于意料不到的原因所造成的事故，包括搁浅、触礁、沉没、碰撞、火灾、爆炸和失踪等灾难。

泰坦尼克号

——英国 1912 年沉没的巨型邮轮

泰坦尼克号(RMS Titanic)，又译作铁达尼号，是英国白星航运公司下辖的一艘奥林匹克级邮轮，于 1909 年 3 月 31 日在爱尔兰贝尔法斯特港的哈兰德与沃尔夫造船厂动工建造，1911 年 5 月 31 日下水，1912 年 4 月 2 日完工试航。

泰坦尼克号是当时世界上体积最庞大、内部设施最豪华的客运轮船，有"永不沉没"的美誉。然而具有讽刺意味的是，在它的处女航中，泰坦尼克号便遭厄运——它从英国南安普敦出发，途经法国瑟堡-奥克特维尔以及爱尔兰昆士敦，驶向美国纽约。船上时间 1912 年 4 月 14 日 23 时 40 分左右，泰坦尼克号与一座冰山相撞，造成右舷船艏至船中部破裂，5 座水密舱进水。次日凌晨 2 时 20 分左右，泰坦尼克号船体断裂成两截后沉入大西洋底 3 700 米处。2 224 名船员及乘客中，逾 1 500 人丧生，其中仅 333 具罹难者遗体被寻回。泰坦尼克号沉没事故为和平时期死伤人数最惨重的海难之一，其残骸直至 1985 年才被再度发现，目前受到联合国教育、科学及文化组织的保护。

(二)外来风险

外来风险(Extraneous Risk)，是指除海上风险以外的其他外来原因所造成的意外的、事先难以预料的风险。它可分为一般外来风险和特殊外来风险两种。

1. 一般外来风险

一般外来风险，是指由一般外来原因所造成的风险，主要包括货物在运输途中失窃、碰损破碎、雨淋、受潮、受热、发霉、串味、沾污、短量、渗漏、钩损、锈损等造成的风险。

2. 特殊外来风险

特殊外来风险，是指由于政治、军事、国家法令、政策及行政措施等特殊外来原因所造成的风险，主要包括战争、罢工、交货不到、拒绝收货等。

二、损失

海上损失，是指被保险货物在海洋运输中由于发生海上风险所造成的损坏或灭失，又称为海损(Average)。按损失程度不同，海损可分为全部损失和部分损失。

(一)全部损失

全部损失(Total Loss)也叫全损，是指运输途中整批货物全部灭失或损坏。按损失的程度不同，全部损失可分为实际全损和推定全损。

1. 实际全损

实际全损(Actual Total Loss)，是指货物全部灭失或等同于全部灭失。实际全损有以下四种情况。

(1) 货物全部灭失。例如，船遇难沉入海底，货物完全灭失。

(2) 物权丧失。例如，货物被盗被抢，虽然货物仍然存在，货主已失去物权。

(3) 货物失去商业价值或用途。例如，茶叶串味，面粉遭浸泡。

(4) 货物随船失踪达半年。

2. 推定全损

推定全损(Constructive Total Loss)，是指货物发生事故后，实际全损已不可避免，或者进行施救、修理的费用已超过将货物运抵目的地的价值。这种损失即为推定全损。构成推定全损有以下四种情况。

(1) 货物受损后，其修理费用超过残值。

(2) 货物受损后，其运往目的地的费用超过残值。

(3) 货物的实际全损已无法避免，为避免全损所需的施救费用超过残值。

(4) 被保险人失去了货物所有权，而收回物权的费用超过了货物的价值。

在推定全损的情况下，被保险人获得损失赔偿的情况有两种：①直接按部分损失进行赔偿；②按全部损失来赔偿。若想获得全损赔偿，被保险人必须无条件地把保险货物委付给保险人。委付是指货物在发生推定全损时，被保险人向保险人发出声明，愿意将保险货物的一切权利转让给保险人，而要求保险人按货物全损给予赔偿的一种索赔方式。

实际全损和推定全损的区别：一是前者货物全损，后者货物未全损；二是前者索赔无须办委付，后者要按全损索赔须办委付。

◉ 想一想

(1) 某公司出口水泥一批，运输途中全部被海水浸泡，这种损失属于＿＿＿＿＿＿＿。

(2) 在海运途中，一批棉衣遭受火灾导致严重受损，将棉衣整理后运往目的地的费用已超过了棉衣的残值，这种损失属于＿＿＿＿＿＿＿。

(二)部分损失

部分损失，是指被保险货物的一部分受损或灭失。按照造成损失的原因，部分损失可分为共同海损和单独海损。

1. 共同海损

共同海损(General Average)，是指在海洋运输途中，船舶、货物或其他财产遭遇共同危险，为了解除共同危险，有意采取合理的措施所直接造成的特殊牺牲和支付的特殊费用。构成共同海损必须具备以下条件，缺一不可。

(1) 危险不可避免，危及双方。

(2) 采取的施救措施合理。

(3) 牺牲和费用是额外产生的。

(4) 施救措施收到效果。

在船舶发生共同海损后，凡属共同海损范围内的牺牲和费用，均可通过共同海损清算，由有关获救受益方(即船方、货方和运费收入方)根据获救价值按比例分摊，然后再向各自的保险人索赔。

2. 单独海损

单独海损(Particular Average)，是指不具有共同海损性质，且未达到全损程度的损失。该损失仅涉及船舶或货物所有人单方面的利益损失，由受损方单独承担。

◉ 知识链接

共同海损与单独海损的区别

① 造成损失的原因不同。单独海损是由海上风险直接导致船货受损；而共同海损是为了解除或减轻风险，人为地有意识地造成的损失。

② 损失的承担者不同。单独海损由受损方自行承担；而共同海损是由受益方根据获救财产价值的大小按比例分摊。

③ 损失的内容不同。单独海损一般是货物直接损失；共同海损是除了货物损失外还包括支出的特殊费用。

◉ 想一想

以下情况哪些是共同海损？哪些是单独海损？

① 船着火，船长和船员忙着救火，致使部分货物受潮造成损失。

② 机舱外烟雾弥漫，船长误认为船舱着火，号召大家救火，致使部分货物受潮造成损失。

③ 船在海上航行途中遇到暴风雨，一部分货物被淋受损。

④ 船在航行中推进器失灵，以致船舶失控，船长向附近港口呼救，要求派拖轮。

⑤ 船搁浅，船壳钢板出现裂缝需要修船，为修船必须将货卸至岸上。卸货过程中部分货物遭到损坏。

三、费用

海上风险造成损失，产生海上费用。费用主要包括施救费用、救助费用、续运费用及额外费用。

(一)施救费用

施救费用，是指被保险货物在遭遇承保的灾害事故时，被保险人或其代理人、雇用人为避免、减少损失采取各种抢救、防护措施时所支付的合理费用。若保险标的受损后，经被保险人进行施救，花了费用但并未奏效，保险标的仍然全损，保险人对施救费用仍予负责。

保险人对施救费用的赔偿金额不得超过保险合同所载明的保险金额。但保险人对保险标的本身的赔偿和施救费用的责任最多各为一个保额，即两者之和不能超过两个保额。

(二)救助费用

救助费用，是指被保险货物遭遇保险责任范围以内的灾害事故时，由保险人和被保险人以外的第三者采取救助行为，按照国际法规的规定，获救方应向救助方支付相应的报酬。

(三)续运费用

续运费用，是指因保单承保风险引起的被保险货物的运输在非保单载明的目的地港口或地方终止时，保险人对被保险货物的卸货费用、仓储费用以及继续运往保单载明的目的地港口的费用等额外费用。其目的是防止或减轻货物的损害。如果货物遭受的风险属于保险责任，因此而支付的费用保险人也予以负责。

(四)额外费用

额外费用，是指为了证明损失索赔的成立而支付的费用，诸如检验费用、拍卖遭损货物的销售费用等。

第二节　保险条款和险别

 情境案例

红姐告诉夏利，准确掌握不同的货物运输保险险别的责任范围、责任起讫、除外责任等，有利于正确处理货物运输保险的投保。《中国人民保险公司海洋运输货物保险条款》分为基本险和附加险。基本险可以单独投保，但是附加险不可以单独投保，必须在购买了基本险的前提下，才可以购买附加险。投保不同的险别需要支付不同的保险费用，相应地会获得货物不同的保险保障。所以，购买保险时，尽量争取用最低的投入获得最大的保障。

夏利根据红姐的指引，先跟 Jane Anderson 协商沟通运输途中有可能发生的风险、损失、费用，以及对方希望保险公司在哪些方面提供保险保障后，根据对方的要求，与保险业务员商议，综合考虑选择哪个货运保险条款较为合适。

夏利对该批货物的投保，如果选择的是中国海运货物保险，那么他应该选择哪个基本险别呢？又是否需要加购附加险才能既满足对方的要求，又能同时做到红姐所说的用最低的投入获得最大的保障，真正做到利益最大化？

情境问答

亲爱的同学们，请根据自己的初步认知，思考并回答以下问题。

① 你觉得 Jane Anderson 为什么要求夏利为其货物购买保险？在购买保险时应该考虑什么问题？

答：＿＿＿＿＿＿＿＿＿＿＿＿＿＿＿＿＿＿＿＿＿＿＿＿＿＿＿＿＿＿＿＿＿

＿＿＿＿＿＿＿＿＿＿＿＿＿＿＿＿＿＿＿＿＿＿＿＿＿＿＿＿＿＿＿＿＿＿＿＿

＿＿＿＿＿＿＿＿＿＿＿＿＿＿＿＿＿＿＿＿＿＿＿＿＿＿＿＿＿＿＿＿＿＿＿＿

② 夏利为对方购买保险险别时，应当考虑什么问题？

答：＿＿＿＿＿＿＿＿＿＿＿＿＿＿＿＿＿＿＿＿＿＿＿＿＿＿＿＿＿＿＿＿＿

＿＿＿＿＿＿＿＿＿＿＿＿＿＿＿＿＿＿＿＿＿＿＿＿＿＿＿＿＿＿＿＿＿＿＿＿

＿＿＿＿＿＿＿＿＿＿＿＿＿＿＿＿＿＿＿＿＿＿＿＿＿＿＿＿＿＿＿＿＿＿＿＿

理论认知

中国人民保险公司于 1981 年 1 月 1 日修订的《中国人民保险公司海洋运输货物保险条款》是我国进出口贸易中投保货物保险时的重要依据，也是保险公司办理海运货物保险业务的重要依据。它规定了保险人的责任范围、除外责任、责任起讫、被保险人的义务和索赔期限。

一、我国海运货物保险条款与险别

《中国保险条款》按运输方式把货运保险划分为海洋运输保险，陆上运输保险、航空运输保险和邮包运输保险四大类。其中以《中国人民保险公司海洋运输货物保险条款》使用最为普遍，其主要内容有保险人承保责任范围、除外责任、责任起讫和索赔期限。

(一)保险人的承保责任范围

根据《中国人民保险公司海洋运输货物保险条款》，海运货物保险的险别包括基本险和附加险两种。

1. 基本险

基本险又称主险，可以单独投保，分为平安险、水渍险和一切险三种。

1) 平安险

平安险(Free of Particular Average，FPA)其英文原意是指单独海损不负责赔偿。根据国际保险界对单独海损的解释，它是指保险标的物在海上运输途中遭受保险范围内的风险直接造成的船舶或货物的灭失或损害。平安险是基本险中承保范围最小、保险费率也相对低的险种。它适用于大宗、低值、简单包装的货物，如木材、砂石、钢材、煤炭等。

平安险的承保范围如表 6.2 所示。

表 6.2　平安险承保范围

被保险货物在运输途中由于自然灾害造成整批货物的全部损失或推定全损
由于意外事故造成被保险货物的全部或部分损失
在运输工具已经发生意外事故的情况下，货物在此前后又在海上遭受恶劣气候、雷电、海啸等自然灾害所造成的部分损失
在装卸转船过程中，被保险货物一件或数件落海所造成的全部损失或部分损失
保险人对遭受承保责任内的危险货物采取抢救、防止或减少货损的措施所支付的合理费用，但以不超过该批被毁货物的保险金额为限
运输工具遭自然灾害或意外事故，需要在中途的港口或者在避难港口停靠，因而引起的卸货、装货、存仓，以及运送货物所产生的特别费用
发生共同海损所引起的牺牲、公摊费和救助费用
运输合同中订有"船舶互撞责任"条款，根据该条款规定应由货方偿还船方的损失

◉ **想一想**

以下情况中，哪些是投保了平安险可以赔偿的损失？
① 货船在航行中遇到台风，船沉没，货全损。
② 货船在航行中触礁，一部分集装箱货物被抛落海里。
③ 船在海上航行途中遇到暴风雨，一部分货物被淋受损。
④ 船在航行中推进器失灵以致船舶失控，船长向附近港口呼救，支付拖船费 500 美元。
⑤ 船上货物起火，为了救火浇湿了一部分货物。

2) 水渍险

水渍险(With Particular Average，WPA)的责任范围除了包括上列平安险的各项责任外，还负责被保险货物在运输过程中由于恶劣气候、雷电、海啸、地震、洪水等自然灾害所造成的部分损失。

水渍险=平安险+自然灾害造成的部分损失

◉ **想一想**

某公司出口服装一批，投保了水渍险，在航行过程中因下雨未合理排水，致使部分服装遭受水渍。保险公司应该对此损失做出赔偿吗？

3) 一切险

一切险(All Risks)的责任范围除包括上列水渍险的所有责任外，还包括货物在运输过程中，因一般外来风险所造成被保险货物的损失，如被盗窃、雨淋、渗漏、碰损、破碎、串味、受潮、受热、钩损等。不论全损或部分损失，除对某些运输途耗的货物，经保险公司与被保险人双方约定在保险单上载明的免赔率外，保险公司都给予赔偿。在三种基本险中，一切险的承保范围最广、保险费率最高。它适用于价值高、易受损的货物。

一切险=水渍险+一般附加险

想一想

某公司进口一批货物，投保了一切险，货物在海运途中有一部分被火焚。经查一切险所包括的 11 种附加险中并无火险。

请问：发生这种情况保险公司是否应承担责任？

2. 附加险

附加险不可单独投保，必须附于主险项下。它包括一般附加险和特殊附加险两种。

1) 一般附加险(General Additional Risks)

一般附加险承保一般外来原因引起的货物损失，它们包括在一切险之中。若投保了一切险，就无须另行加保。若投保了平安险或水渍险，则由被保险人根据货物特性和运输条件选择一种或几种附加险，经与保险人协议加保。

一般附加险有以下 11 种险别。

(1) 偷窃、提货不着险——指承保货物因被偷窃，以及被保险货物运抵目的地后整件未交的损失。

(2) 淡水雨淋险——指承保货物在运输途中遭受雨水、淡水以及雪溶水浸淋造成的损失，包括船上淡水舱、水管漏水以及舱汗所造成的货物损失。

(3) 渗漏险——指承保的流质、半流质、油类货物在运输途中因容器损坏而引起的渗漏损失，或用液体储藏的货物因液体渗漏而引起的腐烂变质造成的损失。

(4) 短量险——指承保货物因外包装破裂或散装货物发生数量损失和实际重量短缺的损失，但不包括正常运输途中的自然损耗。

(5) 混杂、沾污险——指保险人负责赔偿承保的货物在运输过程中因混进杂质或被沾污，影响货物质量所造成的损失。

(6) 碰损、破碎险——指承保的金属、木质等货物因震动、颠簸、碰撞、挤压而造成货物本身的损失，或易碎性货物在运输途中由于装卸野蛮、粗鲁、运输工具的颠震所造成货物本身的破裂、断碎的损失。

(7) 串味险——指承保的食用物品(如食品、粮食、茶叶、中药材、香料)、化妆品原料等因受其他物品的影响而引起的串味损失。

(8) 受潮受热险——指承保货物因气温突然变化或由于船上通风设备失灵致使船舱内水汽凝结、受潮或受热所造成的损失。

(9) 钩损险——指承保货物(一般是袋装、箱装或捆装货物)在运输过程中使用手钩、吊钩装卸，致使包装破裂或直接钩破货物所造成的损失及其对包装进行修理或调换所支出的费用。例如，粮食包装袋因吊钩钩坏而造成粮食外漏的损失。

(10) 包装破裂险——指承保货物在运输过程中因搬运或装卸不慎造成包装破裂所引起的损失，以及因继续运输安全的需要修补或调换包装所支出的费用。

(11) 锈损险——指承保的货物在运输过程中由于生锈而造成的损失。但生锈必须是在保险期内发生的，如原装船时就已生锈，保险公司不负责。

2) 特殊附加险(Special Additional Risk)

特殊附加险是指承保货物遭受特殊外来风险所造成的损失。它一共有以下 8 种。

(1) 进口关税险，进口关税险是指被保险货物受损后，仍得在目的港按完好货物缴纳进口关税而造成相应货损部分的关税损失。但是，保险人对此承担赔偿责任的条件是货物遭受的损失必须是保险单承保责任范围内的原因造成的。

(2) 舱面险，舱面险承保装载于舱面(船舶甲板上)的货物被抛弃或海浪冲击落水所致的损失。

(3) 交货不到险，交货不到险承保自被保险货物装上船舶时开始，在 6 个月内不能运到原定目的地交货所造成的损失。

(4) 出口货物到香港(包括九龙在内)或澳门存仓火险责任扩展条款，出口货物到香港(包括九龙在内)或澳门存仓火险责任扩展条款是一种扩展存仓火险责任的特别附加险，它对于被保险货物自内地出口运抵香港(包括九龙在内)或澳门，卸离运输工具，直接存放于保险单载明的过户银行所指定的仓库期间发生火灾所受的损失，承担赔偿责任。

(5) 黄曲霉素险，黄曲霉素险承保被保险货物(主要是花生、谷物等易产生黄曲霉素的)在进口港或进口地经卫生当局检验证明，其所含黄曲霉素超过进口国限制标准，而被拒绝进口、没收或强制改变用途所造成的损失。

(6) 拒收险，拒收险承保当被保险货物出于各种原因，在进口港被进口国政府或有关当局拒绝进口或没收而产生损失时，保险人依拒收险对此承担赔偿责任。

(7) 战争险，战争险是特殊附加险的主要险别之一，是保险人承保战争或类似战争行为导致的货物损失的特殊附加险。战争险的承保责任范围如下。

① 直接由于战争、类似战争行为、敌对行为、武装冲突或海盗行为等所造成的运输货物的损失。

② 由于上述原因所引起的捕获、拘留、扣留、禁制、扣押等所造成的运输货物的损失。

③ 各种常规武器(水雷、炸弹等)所造成的运输货物的损失。

④ 由本险责任范围所引起的共同海损牺牲、分摊和救助费用。

(8) 罢工险，罢工险是保险人承保被保险货物因罢工等人为活动造成损失的特殊附加险。罢工险的承保责任范围如下。

① 罢工者、被迫停工工人或参加工潮暴动、民众斗争的人员的行动所造成的直接损失，恐怖主义者或出于政治目的而采取行动的人所造成的损失。

② 任何人的敌意行动所造成的直接损失。

③ 因上述行动或行为引起的共同海损的牺牲、分摊和救助费用。

罢工险与战争险的关系密切，按国际海上保险市场的习惯，投保了战争险，再加保罢工险时一般不再加收罢工险保费；如仅要求加保罢工险，则按战争险费率收费。所以一般被保险人在投保战争险的同时加保罢工险。

(二)海运货物保险的除外责任

除外责任是指保险不予负责的损失或费用，一般都是属非意外的、非偶然性的或需特约承保的风险。

1. 基本险的除外责任

为了明确保险人承保的责任范围，中国人民保险公司《中国人民保险公司海洋运输货物保险条款》中对海运基本险别的除外责任包括下列五项。

(1) 被保险人的故意行为或过失所造成的损失。

(2) 由于发货人的包装不善等责任所引起的损失。

(3) 在保险责任开始前，被保险货物已存在的品质不良或数量短差所造成的损失。

(4) 被保险货物的自然损耗、本质缺陷、特性以及市场跌落、运输延迟所引起的损失和费用。

(5) 战争险和罢工险条款规定的责任及其险外责任。

想一想

某公司出口糖果一批，投保了一切险，由于货船破旧，加上中途停留揽货时间过长，航行了四个月才到达目的地，糖果已因天气太热全部软化，难以销售。

请问：保险公司应该对此损失做出赔偿吗？

2. 附加险的除外责任

1) 战争险除外责任

由于敌对行为使用原子或热核制造的武器导致被保险货物的损失和费用不负责赔偿；或根据执政者、当权者，或其他武装集团的扣押、拘留引起的承保航程的丧失和挫折而提出的任何索赔不负责赔偿。

2) 罢工险除外责任

海洋运输货物罢工险对罢工引起的间接损失不负责赔偿。也就是说，在罢工期间由于劳动力短缺或不能运输所致被保险货物的损失，或因罢工引起动力或燃料缺乏使冷藏机停止工作所致冷藏货物的损失。

想一想

我方按 CIF 纽约出口冷冻羊肉一批，合同规定投保一切险并加保战争险、罢工险。货到纽约后适逢码头工人罢工，货物因港口无法作业不能卸载。第二天因货轮无法补充燃料，以致冷冻设备停机。等到第五天罢工结束，该批冷冻羊肉已变质。

请问：进口商向保险公司索赔是否有理？

(三)海运货物保险的责任起讫范围

保险的责任起讫范围，是指保险人对被保险货物承担保险责任的有效时间。

1. 基本险的责任起讫范围

根据《中国人民保险公司海洋运输货物保险条款》规定，基本险承保责任的起讫时间，采用国际保险业惯用的"仓至仓"条款。"仓至仓"条款是运输货物保险中较为典型的条款，它具有充分性、严密性和普遍性的特点。

"仓至仓"条款，是指保险人的承保责任从被保险货物运离保险单所载明的起运地发货人仓库开始，直至该项货物被运抵保险单所载明的目的地收货人仓库为止。中间包括：多次的转运、海轮与港口间的驳船运输责任、港口与仓库间的陆上运输责任、存放在港口码头库场待运期间的责任。

如未抵达上述仓库或储存处所，则以被保险货物在最后目的港(地)卸离海轮满 60 日为止；在货物未经运抵收货人仓库或储存处所并在卸离海轮 60 天内，需转运到非保险单载明的目的地时，以该项货物开始转运时终止。

2. 附加险的责任起讫范围

战争险的责任起讫采用"水面"条款，以"水上危险"为限，是指保险人的承保责任自货物装上保险单所载明的起运港的海轮或驳船开始，到卸离保险单所载明的目的港的海轮或驳船为止。如果货物不卸离海轮或驳船，则从海轮到达目的港当日午夜起算满 15 日之后责任自行终止；如果中途转船，不论货物在当地卸货与否，保险责任以海轮到达该港可卸货地点的当日午夜起算满 15 天为止，等再装上续运海轮时，保险责任才继续有效。

(四)海运货物保险的索赔期限

《中国人民保险公司海洋运输货物保险条款》规定，我国的海洋运输货物保险条款中的三种基本险别的索赔时效，自被保险货物在最后卸离海轮之日算起，最多不超过两年。

二、《英国伦敦协会海运货物保险条款》

目前使用的《英国伦敦协会海运货物保险条款》是 1982 年 1 月 1 日修改的新条款，共有 6 种险别。

(一)协会货物条款(A)[ICC(A)]

1. 承保范围

ICC(A)险大体相当于中国人民保险公司所规定的一切险，其责任范围最广，故协会货物条款采用承保"除外责任"之外的一切风险的概括或规定办法，即除了"除外责任"项下所列风险，保险人不予负责外，其他风险均予负责。

2. 除外责任

ICC(A)险的除外责任有以下四类。

1) 一般除外责任

如归因于被保险人故意的不法行为造成的损失或费用；自然损耗、自然渗漏、自然磨损、包装不足或不当所造成的损失或费用；直接由于延迟所引起的损失或费用；由于船舶所有人、租船人经营破产或不履行债务所造成的损失或费用；由于使用任何原子弹或其他核武器所造成的损失或费用。

2) 不适航、不适货除外责任

这是指被保险人在保险标的物装船时已经知道船舶不适航或船舶、装运工具、集装箱等不适货,保险人不负责赔偿责任。

3) 战争除外责任

这主要是指由于战争、内战、敌对行为等造成的损失或费用;由于捕获拘留、扣留等(海盗除外)所造成的损失或费用;由于漂流水雷、鱼雷等造成的损失或费用。

4) 罢工除外责任

这主要是指罢工者、被迫停工工人造成的损失或费用,以及由于罢工、被迫停工所造成的损失或费用等。

(二)协会货物条款(B)[ICC(B)]

1. 责任范围

ICC(B)险大体相当于中国人民保险公司所规定的水渍险。对承保风险的规定采用列明风险的方法,即在条款的首部把保险人所承保的风险一一列出。保险标的物的灭失或损坏可合理地归因于下列任何之一者,保险人予以赔偿:火灾或爆炸;船舶或驳船搁浅、触礁、沉没或颠覆;陆上运输工具的倾覆或出轨;船舶、驳船或运输工具同除水以外的任何外界物体碰撞;在避难港卸货;地震、火山爆发、雷电;共同海损牺牲;海水、湖水或河水进入船舶、驳船、运输工具、集装箱、大型海运箱或贮存住所;货物在装卸时落海或摔落造成整件的全损。

2. 除外责任

ICC(B)险对故意不法行为造成的损失、费用不负赔偿责任;ICC(B)险对海盗行为不负保险责任。

(三)协会货物条款(C)[ICC(C)]

1. 责任范围

ICC(C)险大体相当于中国人民保险公司所规定的平安险。ICC(C)险对承保风险的规定也采用列明风险的方法,但承保的风险比ICC(A)、ICC(B)险要小得多,它只承保重大意外事故,而不承保自然灾害及非重大意外事故,其具体承保的风险有:火灾、爆炸;船舶或驳船触礁、搁浅、沉没或颠覆;陆上运输工具倾覆或出轨;船舶、驳船或运输工具同除水以外的任何外界物体碰撞;在避难港卸货;共同海损牺牲;抛货。

2. 除外责任

ICC(C)险的除外责任与ICC(B)险完全相同。

至于战争险、罢工险和恶意损坏险不同于中国保险条款的规定,即不一定要在投保了三种基本险别的基础上才能加保,而是可以作为独立险别投保的。恶意损坏险是新增加的附加险别，它所承保的是被保险人以外的其他人(如船长、船员等)的故意破坏行为所致被保险货物的灭失和损害。它属于 ICC(A)险的责任范围，但在 ICC(B)、ICC(C)险中，则被列为"除外责任"。伦敦协会新条款保险期限规定，被保险货物在最后卸载港全部卸离海轮后满60天为止。

三、其他货物保险条款

随着国际贸易的发展，陆运、空运、邮政运输的保险，在整个货物保险业务中的重要性也日益显著。

(一)陆运险

陆运险是指保障货物在陆上交通工具运输时发生的风险。陆运险的险别包括陆运险和陆运一切险。

1. 陆运险的责任范围

陆运险的责任范围如下。

(1) 被保险货物在运输途中遭受暴风、雷电、洪水、地震等自然灾害造成的损失。

(2) 运输工具遭受碰撞、倾覆、出轨，或在驳运过程中因驳运工具遭受搁浅、沉没，或由于遭受隧道坍塌、崖崩或失火、爆炸的意外事故所造成的全部或部分损失。

(3) 被保险人对遭受承保责任内危险的货物采取抢救、防止或减少货损的措施而支付的合理费用，但以不超过该批被救货物的保险金额为限。

2. 陆运一切险的责任范围

陆运一切险除包括上述陆运险的责任外，保险公司对被保险货物在运输途中由于一般外来原因所造成的，包括被偷窃、短少等全部或部分损失也负赔偿的责任。

陆运一切险=陆运险+一般外来原因造成的损失

3. 陆运险的责任起讫

陆运险的责任起讫也采用"仓至仓"的责任条款。但如未运抵目的地仓库，则以被保险货物到达最后卸载的车站起满60天为止。陆上运输货物险的索赔时效为：从被保险货物在最后目的地车站全部卸离车辆后起算，最多不超过两年。

4. 陆运险的除外责任

陆运险的除外责任：被保险人的故意行为或过失所造成的损失；属于发货人责任或被保险货物自然消耗所引起的损失；由于战争、罢工或运输延迟所造成的损失。

(二)航空险

航空险是保障货物在空中交通工具运输时发生的风险。航空险的险别包括航空运输险和航空运输一切险。

1. 航空运输险

航空运输险的承保责任范围包括被保险货物在运输途中遭受雷电、火灾、爆炸，或由于飞机遭受恶劣气候或其他危难事故而被抛弃，或由于飞机遭受碰撞、倾覆、坠落或失踪等自然灾害和意外事故所造成的全部或部分损失，以及被保险人对遭受承保责任内危险的货物采取抢救、防止或减少货损的措施而支付的合理费用。

2. 航空运输一切险

航空运输一切险除包括上述航空运输险的责任外，保险公司对被保险货物在运输途中由于一般外来原因所造成的，包括被偷窃、短少等全部或部分损失也负赔偿的责任。

航空运输一切险=航空运输险+一般外来原因造成的损失

3. 航空运输险的责任起讫

航空运输险的责任起讫同样适用于"仓至仓"条款，如未进仓，以被保险货物在最后卸载地卸离飞机后满 30 天为止。

4. 航空运输险的除外责任

航空运输险、航空运输一切险的除外责任与海运保险条款基本险的除外责任基本相同。

(三)邮包运输险

邮包运输险是指保险公司承保通过邮包寄递的货物在邮递过程中发生事故所致的损失。邮包运输险的险别包括邮包险和邮包一切险。

1. 邮包险

邮包险的承保范围包括：在运输途中由于恶劣气候、雷电、海啸、地震、洪水等自然灾害或由于运输工具遭受搁浅、触礁、沉没、碰撞、倾覆、出轨、坠落、失踪；由于失火、爆炸等意外事故所造成的全部或部分损失；被保险人对遭受承保责任内危险的货物采取抢救、防止或减少货损的措施而支付的合理费用，但以不超过该批被保货物的保险金额为限。

2. 邮包一切险

邮包一切险除包括上述邮包险的责任外，保险公司对被保险货物在运输途中由于一般外来原因所造成的，包括被偷窃、短少等全部或部分损失也负赔偿的责任。

邮包一切险=邮包险+一般外来原因造成的损失

3. 邮包险的责任起讫

邮包险的责任自被保险邮包离开保险单所载起运地点寄件人的处所运往邮局时开始生效，直至该项邮包运达本保险单所载目的地邮局，自邮局签发到货通知书当日午夜起算满 15 天终止。但在此期限内邮包一经递交至收件人的处所时，保险责任即行终止。

4. 邮包险的除外责任

邮包险和邮包一切险的除外责任与海运保险条款中基本险的除外责任基本相同。

第三节　合同中的保险条款和保险实务

 情境案例

　　红姐告诉夏利，合同中的保险条款关系到投保方如何承担投保责任的问题。我们根据与对方的沟通协商，就货物在运输途中的风险、损失和费用，选择投保险别后，应当在合同中表述清楚，同时还应当写明投保方和投保的保险金额等内容。不同的贸易术语条件下，合同中保险条款的表述是不一样的。

　　夏利根据与 Jane Anderson 协商沟通的内容和保险业务员商议后，综合考虑选择投保的险别，计算出应当缴纳的保险费用和运费，才能知道公司在原有利润不变的前提下，FOB XinGang 改报 CIF London 的价格，并回函 Jane Anderson。

 情境问答

亲爱的同学们，请根据自己的初步认知，思考并回答以下问题。

① 保险费用应当如何计算？

答：＿＿＿＿＿＿＿＿＿＿＿＿＿＿＿＿＿＿＿＿＿＿＿＿＿＿＿＿＿＿＿＿

＿＿＿＿＿＿＿＿＿＿＿＿＿＿＿＿＿＿＿＿＿＿＿＿＿＿＿＿＿＿＿＿＿＿

② 合同中保险条款应当写明什么内容？

答：＿＿＿＿＿＿＿＿＿＿＿＿＿＿＿＿＿＿＿＿＿＿＿＿＿＿＿＿＿＿＿＿

＿＿＿＿＿＿＿＿＿＿＿＿＿＿＿＿＿＿＿＿＿＿＿＿＿＿＿＿＿＿＿＿＿＿

 理论认知

　　出口企业在向当地保险公司办理投保手续时，应该根据出口合同或信用证的规定，在备妥货物、确定运输工具和装运日期后，按要求填制投保单，交付保险费并取得保险公司签发的保险单，保险合同即告成立。在办理保险业务时必须遵守的保险原则有：可保利益原则、最大诚信原则、近因原则、补偿原则、代位追偿原则和重复保险分摊原则。

一、合同中的保险条款

(一)合同中保险条款的内容

　　一般情况下，合同中的保险条款通常包括投保人名称、保险金额的确定方法、投保加成率、保险条款依据、投保险别、保险费的支付等内容。

知识链接

以 FOB、CFR、FAS、FCA、CPT 条件成交的合同：保险由买方负责。

Insurance: to be covered by the buyer.

以 DAP、DAT 和 DDP 条件成交的合同：保险由卖方负责。

Insurance: to be covered by the seller.

以 CFR 或 CPT 条件成交，且买方委托卖方投保的合同：由卖方代表买方按发票金额的 110%投保一切险，以中国人民保险公司 1981 年 1 月 1 日制定生效的《中国保险条款》为准。保险费由买方在支付合同价款时一起支付。

Insurance: to be effected by the Seller on behalf of the Buyer for 110% of invoice value against All Risks as per CIC of PICC dated 1981/1/1. The premium caused to be settled with the contracted proceeds.

(二)订立保险条款的注意事项

订立保险条款需要注意：条款必须明确、具体；合同中的投保条款应和贸易术语一致；投保的险种应该和选用的保险条款一致。

二、保险实务

一般办理保险业务的具体流程包括办理保险手续、选择保险险别、计算并确定保险金额和保险费、取得保险单据,如果在运输过程中发生了承保范围内的损失还需要办理保险索赔。

(一)办理保险手续

按我国保险公司的有关规定，出口货物的投保，一般采取逐笔投保和订立预约保险合同的方式。

逐笔投保即每发生一笔出口货物业务，出口方即向保险公司办理一次投保手续。在投保时，出口方向保险公司提出书面申请，在空白投保单上据实填写其中的有关项目，并附有关单据一并交给保险公司。投保单经保险公司接受后，由保险公司签发保险单。这种方式适用于不经常进出口货物的公司。

在实际业务中，为了简化手续，防止漏保或来不及投保的情况发生，某些专营进口业务的公司，可同保险公司签订货物运输预约保险合同。各进口公司与保险公司签订了预约保险合同后，对每批进口货物无须填制投保单，只需在获悉投保货物在国外某港口装运时，将装运情况通知保险人即可。告知内容包括船名、货名、数量、货值和保险金额等。

(二)保险险别的选择

在选择保险险别时应该考虑的方面有：①货物自身的特点和性质；②货物采用的运输包装和运输方式；③运输的季节和运输的目的地市场需求的变化。选择时力争做到既能保

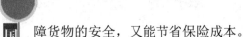

障货物的安全，又能节省保险成本。

(三)保险金额和保险费的计算

1. 确定保险金额

保险金额，是指如果货物发生承保范围内的损失，保险公司承担赔偿或者给付保险金责任的最高限额。一般情况下，保险金额不得超过保险价值。但由于运输保险对应承保过程为运输过程，保险的价值除了货物本身的价值，还包含运费、保费和预期利润等。所以在 CIF 或 CFR 术语条件下，保险金额通常以 CIF 价值上再加成进行确定。一般选择投保加成率为 10%，也可由双方协商确定。保险金额的计算公式如下。

$$保险金额=CIF 价×(1+投保加成率)$$

2. 保险费的计算

一般情况下，保险费的负担和支付由投保责任方承担，保险费是投保人支付给保险公司的货物保险费用，其计算公式如下。

$$保险费=保险金额×保险费率=CIF 价×(1+投保加成率)×保险费率$$

> **◉ 知识链接**
>
> 某外贸公司出口货物一批，合同规定每公吨 300 美元 CIF 维多利亚，数量共 200 公吨。卖方按发票金额加一成投保一切险和罢工险，保险费率分别为 1%和 0.2%。试计算该公司的保险金额是多少？应向保险公司支付多少保险费？
>
> 解:
>
> $$保险金额=CIF 价 × (1+投保加成率)$$
> $$=300 ×200 ×(1+10\%)$$
> $$=66\ 000(美元)$$
> $$保险费=保险金额 × 保险费率$$
> $$=66\ 000 ×(1\% + 0.2\%)$$
> $$=792(美元)$$
>
> 答: 投保金额为 66 000 美元，保险费为 792 美元。

> **◉ 想一想**
>
> 某公司出口一批货物，按 CIF 价加一成投保平安险和串味险，保险费率分别为 0.45%和 0.35%，保险费为 4 000 英镑。后对方要求改为加两成投保水渍险和串味险，水渍险的费率为 0.55%。
>
> 请问: 修改后的保险费为多少？

(四)取得保险单据

保险单据是保险公司和投保人之间订立保险合同的证明文件，是保险公司的承保证明，反映了保险公司和投保人之间的权利和义务。当发生承保范围内的损失时，保险单据可以作为保险索赔和理赔的主要依据。海运保险单可以经背书转让。根据各国海上保险法律，海上货物保险单可以不经过保险人的同意自由转让，方便路货交易。转让必须在保险货物的所有权转移之前或同时进行，事后办理无效。

保险单据包括保险单、保险凭证、预约保险单、联合保险凭证等。

1. 保险单

保险单(Insurance Policy)俗称"大保单"，是一种正规的保险合同，除载明被保险人(投保人)的名称，被保险货物(标的物)的名称、数量或重量，唛头，运输工具，保险的起讫地点，承保险别，保险金额，出单日期等项目外，还在保险单的背面列有保险人的责任范围，以及保险人与被保险人各自的权利、义务等方面的详细条款，它是最完整的保险单据。保险单可由被保险人背书，随物权的转移而转让，是一份独立的保险单据。如图6.1所示。

2. 保险凭证

保险凭证(Insurance Certificate)俗称"小保单"，它上面有保险单正面的基本内容，但没有保险单背面的保险条款，是一种简化的保险合同。

3. 预约保险单

预约保险单(Open Policy/Open Cover)是一种长期性的货物保险合同。预约保险单上载明承保货物的范围、险别、保险费率、每批运输货物的最高保险金额，以及保险费的结付、赔款处理等项目，凡属于此保险单范围内的进出口货物，一经起运，即自动按预约保险单所列条件承保。但被保险人在获悉每批保险货物起运时，应立即将货物装船详细情况包括货物名称、数量、保险金额、运输工具的种类和名称、航程起讫地点、开船日期等信息以书面形式通知保险公司。

4. 联合保险凭证

联合保险凭证(Combined Certificate)俗称承保证明，它是我国保险公司特别使用的一种更为简化的保险单据，由保险公司在出口公司提交的发票上加上保险编号、承保险别、保险金额、装载船只、开船日期等，并加盖保险公司印章即可。这种单据不能转让。

(五)办理保险索赔

保险索赔(Insurance Claim)，是指当被保险人的货物遭受承保责任范围内的风险损失时，被保险人向保险公司提出的索赔要求。索赔时应该具备三个条件：①要求赔偿的损失必须在承保范围内；②被保险人是保险凭证的合法持有人；③被保险人对保险货物必须拥有可保利益。

保险索赔的程序如下：分析理赔对象—向保险公司报损—向有关方面提出索赔—及时采取合理施救措施—备妥索赔单证—等候结案。

PICC中国人民保险公司

The People's Insurance Company of China

货物运输保险单

CARGO TRANSPORTATION INSURANCE POLICY

发票号(INVOICE NO.) _____   保单号次(POLICY NO.) _____

合同号(CONTRACT NO.) _____

信用证号(L/C NO.) _____

被保险人（Insured） _____

中国人民保险公司(以下简称本公司)根据被保险人的要求，由被保险人向本公司缴付约定的保险费，按照本保险单承保险别和背面所列条款与下列条款承保下述货物运输保险，特立本保险单。

THIS POLICY OF INSURANCE WITNESSES THAT THE PEOPLE'S INSURANCE COMPANY OF CHINA (HEREINAFTER CALLED "THE COMPANY") AT THE REQUEST OF INSURED AND IN CONSIDERATION OF THE AGREED PREMIUM PAID TO THE COMPANY BY THE INSURED UNDERTAKES TO INSURE THE UNDER MENTIONED GOODS IN TRANSPORTATION SUBJECT TO THE CONDITIONS OF THIS POLICY AS PER THE CLAUSES PRINTED OVERLEAF AND OTHER SPECIAL CLAUSES ATTACHED HEREON

标记MARKS & NOS.	数量及包装 QUANTITY	保险货物项目 DESCRIPTION OF GOODS	保险金额(美元) AMOUNT INSURED($)

总保险金额:
TOTAL AMOUNT INSUREO: _____

保费
PREMIUM _____

起运日期:
DATE OF COMMENCEMENT: _____

装载运输工具:
PER CONVEYANCE: _____

自   经   至
FROM_____   VIA _____   TO _____

承保险别:
CONDITIONS: _____

所保货物，如发生保险单项下可能引起索赔的损失或损坏，应立即通知本公司下述代理人查勘。如有索赔应向本公司提交保险单正本(共2份正本)及有关文件。如一份正本已用于索赔，其余正本自动失效。

IN THE EVENT OF LOSS DAMAGE WHICH MAY RESULT IN A CLAIM UNDER THIS POLICY, IMMEDIATE NOTICE MUST BE GIVEN TO THE COMPANY AGENT AS MENTIONED HEREUNDER CLAIMS IF ANY，ONE OF THE ORIGINAL POLICY WHICH HAS BEEN ISSUED IN 2 ORIGINAL TOGETHER WITH RELEVANT DOCUMENTS SHALL BE SURRENDERED TO THE COMPANY IF THE ORIGINAL POLICY HAS BEEN ACCOMPLISHED，THE OTHERS TO BE VOID

赔款偿付地点:
CLAIM PAYABLE AT: _____

出单日期:
ISSUING DATE: _____

中国人民保险公司
The People's Insurance Company of China

图6.1 保险单

实训项目

1. 根据小组的贸易背景分析货物在运输途中，可能发生的风险、损失和费用，选择适当的货运保险条款。

2. 根据选定的货运保险条款选择合适的保险险别。

3. 根据小组选定的贸易术语和保险险别，讨论合同中完整的保险条款应当包含的内容。

4. 用中英文订立合同的保险条款。

练 习 题

一、名词解释

推定全损 共同海损 单独海损 "仓至仓"条款 施救费用 救助费用

二、填空题

1. 海上风险有_____和_____，外来风险有_____和_____。

2. 根据货物受损失程度的不同，可以将海损分为全部损失和部分损失。全部损失可以分为_____和_____，部分损失可以分为_____和_____。

3. 中国人民保险公司规定的基本险别是_____、_____、_____和_____。

4. 中国人民保险公司规定的一般附加险包括以下11种险种：_____、_____、_____，短量险，混杂、沾污险，碰损、破碎险，串味险，受热、受潮险，钩损险，包装破裂险和锈损险。

5. 陆上运输货物保险是货物运输保险的一种，分为_____和_____。

三、单项选择题

1. 在海洋运输货物保险业务中，共同海损( )。

   A. 是部分损失的一种

   B. 是全部损失的一种

   C. 有时为部分损失，有时为全部损失

   D. 是推定全损

2. 根据《中国人民保险公司海洋货物运输保险条款》的规定，"一切险"包括( )。

   A. 平安险加11种一般附加险　　　　B. 一切险加11种一般附加险

   C. 水渍险加11种一般附加险　　　　D. 11种一般附加险加特殊附加险

3. 按国际保险市场惯例，投保金额通常在CIF总值的基础上( )。

   A. 加一成　　　　B. 加二成　　　　C. 加三成　　　　D. 加四成

4. "仓至仓"条款是(   )。

    A. 承运人负责运输起讫的条款　　　　B. 保险人负责保险责任起讫的条款

    C. 出口人负责交货责任起讫的条款　　D. 进口人负责付款责任起讫的条款

5. 我某公司出口稻谷一批,因保险事故被海水浸泡多时而丧失其原有用途,货到目的港后只能低价出售,这种损失属于(   )。

    A. 单独损失　　　　B. 共同损失　　　　C. 实际全损　　　　D. 推定全损

6. 某外贸公司以 CIF 条件与国外客户达成一笔出口交易,由出口商负责投保,按照《2000 通则》的规定,应投保(   )。

    A. 一切险　　　　B. 水渍险　　　　C. 平安险　　　　D. 平安险+淡水雨淋险

7. 某批出口货物投保了水渍险,在运输过程中由于雨淋致使货物遭受部分损失,这样的损失保险公司将(   )。

    A. 负责赔偿整批货物

    B. 负责赔偿被雨淋湿的部分

    C. 不给予赔偿

    D. 在被保险人同意的情况下,保险公司负责赔偿被雨淋湿的部分

8. 有一批出口服装,在海上运输途中,因船体触礁导致服装严重受浸,如果将这批服装漂洗后再运至原定目的港所花费的费用已超过服装的保险价值,则这批服装应属于(   )。

    A. 共同海损　　　　B. 实际全损　　　　C. 推定全损　　　　D. 单独海损

9. 我方按 CIF 条件成交一批罐头食品,卖方投保时,按下列(   )投保是正确的。

    A. 平安险+水渍险　　　　　　　　B. 一切险+偷窃提货不着险

    C. 水渍险+偷窃提货不着险　　　　D. 平安险+一切险

10. CIF 合同的货物在装船后因火灾被焚,应由(   )。

    A. 卖方承担损失　　　　　　　　B. 卖方负责请求保险公司赔偿

    C. 买方负责请求保险公司赔偿　　D. 承担运费的一方赔偿

11. 同国际市场的惯例一样,我国海运货物基本险的保险期限一般也采用(   )的原则。

    A. "门到门"　　B. "桌到桌"　　C. "仓至仓"　　D. "港到港"

12. 海上保险合同的转让是指(   )。

    A. 被保险人将其保险合同中的权利和义务转让给另一个人的行为。

    B. 保险合同随保险标的物所有权发生转移而转让

    C. 可保利益的转让

    D. 保险标的物的转让

13. 某公司按 CIF 出口一批货物,但因海轮在运输途中遇难,货物全部灭失,买方(   )。

    A. 可借货物未到岸之事实而不予付款

    B. 应该凭卖方提供的全套单据付款

    C. 可以向承运人要求赔偿

    D. 由银行决定是否付款

14. 按照《中国人民保险公司海运货物保险条款》规定，投保一切险后还可以加保（　　）。

    A. 偷窃提货不着险

    B. 卖方利益险

    C. 战争、罢工险

四、多项选择题

1. 海上货物保险中，除合同另有约定外，哪些原因造成货物损失时，保险人可以不予赔偿（　　）。

    A. 交货延迟　　　　　　　　B. 被保险人的过失

    C. 市场行情变化　　　　　　D. 货物自然损耗

2. 出口茶叶，为防止运输途中串味，办理保险时，应投保（　　）。

    A. 串味险　　B. 平安险+串味险　　C. 水渍险+串味险　　D. 一切险

3. 土畜产公司出口肠衣一批，为防止在运输途中因容器损坏而引起渗漏损失，办理保险时应投保（　　）。

    A. 渗漏险　　B. 一切险　　　　C. 一切险+渗漏险　　D. 水渍险+渗漏险

4. 根据《中国人民保险公司海洋运输保险条款》的规定，以下属于一般附加险的是（　　）。

    A. 短量险　　B. 偷窃提货不着险　　C. 交货不到险　　D. 串味险

5. 我国海上货物保险的基本险种包括（　　）。

    A. 平安险　　B. 战争险　　　　C. 水渍险　　　　D. 一切险

6. 共同海损分摊时，涉及的收益方包括（　　）。

    A. 货方　　　B. 船方　　　　　C. 运费方　　　　D. 救助方

7. 在我国海洋运输货物保险业务中，下列（　　）险别均可适用"仓至仓"条款。

    A. ALL RISKS　B. WA or WPA　　　C. FPA　　　　D. WAR RISK

8. 在发生以下（　　）的情况下，可判定货物发生了实际全损。

    A. 为避免实际全损所支出的费用与继续将货物运抵目的地的费用之和超过了保险价值

    B. 货物发生了全部损失

    C. 货物完全变质

    D. 货物不可能归还被保险人

9. 某载货船只载着甲货主的 3 000 箱棉织品、乙货主的 50 公吨小麦、丙货主的 200 公吨大理石驶往美国纽约。货轮启航的第二天不幸遭遇触礁事故，导致船底出现裂缝，海水入侵严重，使甲货主的 250 箱棉织品和乙货主的 5 公吨小麦被海水浸湿。因裂口太大，船长为解除船、货的共同危险，使船舶浮起并及时修理，下令将丙货主的 50 公吨大理石抛入海中，船舶修复后继续航行。货轮继续航行的第三天又遭遇恶劣气候，使甲货主另外 50 箱货物被海水浸湿，则下列说法（　　）是正确的。

A. 因触礁而产生的船底裂缝及甲、乙货主的货物损失属于单独海损

B. 使船舶浮起并及时修理而抛入海中的丙货主货损属于共同海损

C. 因恶劣气候导致的甲货主 50 箱货物的损失属于单独海损

D. 本案中各货主都投保了平安险，保险公司将对以上 A、B、C 损失给予赔偿

10. 运输工具在运输途中发生了搁浅、触礁、沉没等意外事故，不论意外发生之前或之后货物在海上遭遇恶劣气候、雷电、海啸等自然灾害造成被保险货物的部分损失，属于以下(   )的承保范围。

A. 平安险　　　　B. 水渍险　　　　C. 一切险　　　　D. 附加险

11. 共同海损与单独海损的区别是(   )。

A. 共同海损属于全部损失，单独海损属于部分损失

B. 共同海损由保险公司负责赔偿，单独海损由受损方自行承担

C. 共同海损是为了解除或减轻风险而人为造成的损失，单独海损是承保范围内的风险直接导致的损失

D. 共同海损由受益方按受益大小的比例分摊，单独海损由受损方自行承担

12. 我国对外贸易货运保险可分为(   )。

A. 海上运输保险　　　　　　　　B. 陆上运输保险

C. 航空运输保险　　　　　　　　D. 邮包运输保险

13. 以下属于海上风险的有(   )。

A. 雨淋　　　　B. 地震　　　　C. 失火　　　　D. 锈损

14. 共同海损的构成条件有(   )。

A. 必须确有共同危险

B. 采取的措施是有意的、合理的

C. 牺牲和费用的支出是非常性质的

D. 构成共同海损的牺牲和费用的开支最终必须是有效的

15. 下列危险属于意外事故的有(   )。

A. 搁浅　　　B. 触礁　　　C. 失踪　　　D. 雷电　　　E. 爆炸

五、判断题

1. 海上保险业务的意外事故，仅局限于发生在海上的意外事故。　　　　　　(   )

2. 保险利益是投保人所投保的保险标的。　　　　　　　　　　　　　　　　(   )

3. 我某公司按 CFR 贸易术语进口时，在国内投保了一切险，保险公司的责任起讫应为"仓至仓"。　　　　　　　　　　　　　　　　　　　　　　　　　　　　　(   )

4. 托运出口玻璃制品时，被保险人在投保一切险后，还应加保破碎险。　　　(   )

5. 保险公司对陆运战争险的承保责任起讫与海运战争险的承保责任起讫都是"仓至仓"。　　　　　　　　　　　　　　　　　　　　　　　　　　　　　　　　(   )

6. 我方进口货物一批，投保一切险，货物在海运途中部分被火焚。经查，一切险中 11 种附加险并无火险。对此损失保险公司不承担责任。　　　　　　　　　　(   )

  7. 如果被保险货物运达保险单所载明的目的地，收货人提货后即将货物转运，则保险公司的保险责任转运到达目的地仓库时终止。

  8. 海运提单的签发日期应早于保险单的签发日期。（　　）

  9. 不论在实际全损和推定全损的情况下，保险公司都要按保险金额全额赔偿。（　　）

  10. 在国际贸易中，向保险公司投保一切险，在运输途中由于任何外来原因造成的一切货损，均可向保险公司索赔。（　　）

六、案例分析题

  1. 某年 6 月，我方某进出口公司以 CIF 术语与外商签订一份合同(注：合同由进口商制作)出口电缆若干，总金额为 27.3 万美元，其中 90%的货款采用即期信用证支付，10%的货款待货到目的地收货人仓库后，经买方查验无误后再付。合同的保险条款规定：Insurance is to be covered by the Sellers. Such Insurance shall be upon Terms and Conditions consistent with sound commercial practice for 110% of the full CIF value of the final Destination and for a period not later than 90 days after arrival of the buyer's warehouse. 我方进出口公司于 9 月收到国外银行开来的信用证后(金额为 24.6 万美元)，在交货前向中国人民保险公司投保了一切险和战争险。

  10月底我方进出口公司将全部货物装船运往目的港，并取得船公司签发的清洁已装船提单。12月船到目的港，全部货物卸下海轮，货物数量与提单相符，然后用汽车运到收货人仓库，仓库出具了清洁仓库收据。

  次年 1 月，收货人发现货物在仓库内有部分丢失，损失价值 18.3 万美元。于是买方凭保险单向中国人民保险公司索赔。中国人民保险公司认为，保险单载明被保险人投保的是一切险和战争险，其责任起讫为"仓至仓"和"水面责任"，此案中保险标的物已安全如数运抵收货人仓库，保险责任已告终止，所以拒赔。

  2 月底，进口方来电通知我方进出口公司：在合同的保险条款中规定保险期限不能少于货物到达买方仓库后 90 天，而贵公司只投保一切险和战争险，货物在到达我方仓库后 22 天发生部分丢失，属你方漏保，造成 18.3 万美元损失。现在通知你方，损失金额从 27.3 万美元的货款中扣除，其余 9 万美元汇付给你公司。我方同意了。

  请问：我方进出口公司是否应当承担损失?应吸取什么教训?

  2. 我方按 CIF 旧金山出口冷冻牛肉一批，合同规定投保一切险加战争险、罢工险。货到旧金山后适逢码头工人罢工，货物因港口无法作业不能卸载。第二天货轮因无法补充燃料，以致冷冻设备停机。等到第六天罢工结束，该批冷冻牛肉已变质。

  请问：进口商向保险公司索赔是否有理?

  3. 我方某外贸公司与马来西亚某商达成一项皮衣出口合同，价格条件为 CIF 吉隆坡，支付方式为不可撤销即期信用证，投保协会货物保险条款 ICC(A)险。生产厂家在生产的最后一道工序将皮衣的湿度降低限度，然后用牛皮纸包好装入双层瓦楞纸箱，再装入集装箱。货物到达目的港后，检验结果表明，全部货物湿、霉、沾污、变色，损失价值达 8 万美元。据分析，该批货物出口地无异常冷，运输途中无异常，完全属于正常运输。

请问:

(1) 保险公司对该批货物是否负责赔偿?为什么?

(2) 进口商对受损货物是否支付货款?为什么?

4. 某远洋运输公司的"平安"轮在 4 月 20 日满载货物启航,出公海后由于风浪过大偏离航线而触礁,船底划破长 2.5 米的裂缝,海水不断渗入。为了船货的共同安全,船长下令抛掉 A 舱的所有钢材并及时组织人员堵塞裂缝,但并无效果。为使船舶能继续航行,船长请来拯救队施救,共支出 6 万美元施救费用。船的裂缝补好后继续航行,不久,又遇恶劣天气,入侵海水使 B 舱底层的货物严重受损,放在甲板上的 500 箱货物也被风浪卷入海里。

请问:以上的损失各属于什么性质的损失?投保什么险别的情况下,保险公司可以给予赔偿?

七、实操题

1. 我方出口货物 1 000 件,对外报价为 2 美元/件 CFR 纽约,为避免漏保,客户来证要求我方装船前按 CIF 价格代为办理投保手续。查得该货物的保险费率为 0.8%,试计算我方对该货物投保时的投保金额和应缴纳的保险费是多少?

2. 某公司出口货物一批,单价为 1 200 美元/公吨 CIF 纽约,按发票金额的 110%投保,投保一切险,保险费率为 0.8%。现在客户要求改报 CFR 价格,请计算在不影响我国收汇的前提下,应该报价多少?

3. 报价某商品 CIF 旧金山 2 000 美元/公吨,按发票金额的 110%投保,保险费率合计0.6%。请问:如果客户要求按发票金额的 130%投保,我方应该如何报价?

4. 用英文填写合同保险条款:由卖方按照发票金额的 110%投保水渍险和战争险,以1981 年 1 月 1 日的《中国人民保险公司海洋运输货物保险条款》为准。

第七章 报检报关

学习目标

- 了解报检、报关的定义和意义。
- 了解报检、报关的主要内容。
- 掌握报检、报关的程序和具体操作流程。
- 掌握报关单的填制要求和规范。

第一节 报 检

情境案例

　　为了保证生产出来的男士衬衣的品质能符合合同及进口国的要求，夏利他们在衬衣的生产期间就已经交代工厂，要求工厂内部进行相关的检测。事后，检测结果表明该批衬衣符合进口国的要求。但是夏利在学习公司过往的贸易案例时，发现公司有些货物的出口需要向商检局报检，有些则不需要。那么究竟什么样的货物才需要向商检局进行申报？出口产品的报检手续都有哪些？有关的单据如何填写？在这个过程中，需要注意什么问题？出入境检验检疫划入海关后，报检业务有何变动？自己现在跟的这个单是否需要向海关进行申报？夏利一头雾水，所以又去请教红姐了。

情境问答

　　亲爱的同学们，请根据自己的初步认知，思考并回答以下问题。

① 请问夏利现在跟的这个单的货物需要向海关申报吗？

答：_____

_____

② 什么货物需要强制性报检？

答：_____

_____

③ 如果你是夏利，你会如何完成报检工作？

答：_____

理论认知

一、商品检验

(一)商品检验的概念

商品检验(Commodity Inspection),是指商品的产方、买方或者第三方在一定条件下,借助于某种手段和方法,按照合同、标准或国内外有关法律、法规、惯例,对商品的质量、规格、重量、数量、包装、安全及卫生等方面进行检查,并做出合格与否或通过验收与否的判定或为维护买卖双方合法权益,避免或解决各种风险损失和责任划分的争议,便于商品交接结算而出具各种有关证书的业务活动。

商品检验的作用如下。

(1) 是买卖双方交接货物品质、数量、包装等是否与合同相符的依据。

(2) 是买卖双方结算货款的依据。

(3) 是海关通关、征收关税和优惠减免关税的依据。

(4) 是计算运输、仓储等费用的依据。

(5) 是双方作为证明情况,明确责任,作为仲裁、诉讼举证,办理索赔和理赔的依据。

(二)商品检验的范围

1. 法定检验检疫

法定检验检疫,是指海关按照国家法律、行政法规和规定,对必须检验检疫的出入境货物、交通运输工具、人员及其他事项等依照规定的程序实施强制性的检验检疫措施。

法定检验检疫的范围如下。

(1) 对列入《海关实施检验检疫的进出境商品目录》中的进出口商品的检验检疫。

(2) 对进出口食品的卫生检验和进出境动植物的检疫。

(3) 对装运进出口易腐烂变质食品、冷冻食品的船舱、集装箱等运载工具的适载检验。

(4) 对出口危险货物包括容器的性能检验和使用鉴定。

(5) 对有关国际条约规定或其他法律、行政法规和规定必须经过检验检疫的进出口商品实施检验检疫。

⊙ 知识链接

《法检商品目录》

《法检商品目录》是《海关实施检验检疫的进出境商品目录》的简称。

它的每条目录是由"HS 编码""HS 名称""标准计量单位""监管条件"和"检验检疫类别"构成。

海关监管条件字母的含义如下。

A——表示必须实施进境检验检疫。

B——表示必须实施出境检验检疫。

D——表示实施海关与检验检疫联合监管。

检验检疫类别字母的含义如下。

M——表示进口商品检验。

P——表示进境动植物、动植物产品检疫。

R——表示进口食品卫生监督检验。

N——表示出口商品检验。

Q——表示出境动植物、动植物产品检疫。

S——表示出口食品卫生监督检验。

L——表示民用商品入境验证(对检验类别设置为"L"的HS编码，具体认证适用范围按照国家质检总局、认监委的有关公告执行)。

V——表示进境卫生检疫。

W——表示出境卫生检疫。

	HS 编码	HS 名称	标准计量单位	监管条件	检验检疫类别
1	0101210010	改良种用濒危野马	035	A/B	P/Q
2	0101210090	其他改良种用马	035	A/B	P/Q
3	0101290010	非改良种用濒危野马	035	A/B	P/Q

(摘自 2018 年《法检商品目录》)

◉想一想

请问：外贸企业在实务中如何查询《海关实施检验检疫的进出境商品目录》？

属于法定检验检疫的商品，如果当事人逃避检验检疫，要承担相应的刑事责任。

2. 公证鉴定

公证鉴定，是指商检机构根据进出口贸易关系人的申请或外国检验机构的委托而办理的对商品的鉴定工作。

公证鉴定的范围包括：商品的品质、数量、重量、包装、残损、装运技术条件、价值、产地证明等。

二、检验条款

由于商品检验关系到买卖双方的利益，所以一般在买卖合同中必须订明商品检验条款，以便有关商检机构按照合同条约对合同标的物进行检验、鉴定和出具检验检疫证明，以维护双方当事人的合法权益。

国际货物买卖合同中的检验条款主要包括：检验时间和地点、复验期限和复验地点、检验机构与检验证书，以及检验标准和方法等。

(一)检验时间和地点

检验时间，也就是检验的有效期。

进口商品一般指索赔期限。买卖双方一般在合同中都约定买方在货物运抵目的地口岸后若干天之内进行检验(一般是 90 天)。如果超过期限，买方就自动丧失了检验和索赔的权利。而经铁路联运的进口检验期限可适当延长数月，甚至半年，具体以合同规定为准。

出口商品一般指装运期限。出口商品要保证装运前检验，签证，否则装船后就无法进行抽样检验。未经检验的一律不予签发检验证书。

在实务中，我国商检机构规定：对进口商品，收货人应在索赔期限的最后 1/3 时间前向商检机构办理检验；对出口商品，发货人应在出口装运截止期限的 10 天之前向商检机构办理报验。

检验地点和检验权相联系。一般而言，如果是卖方行使检验权，检验地点在装运口岸；如果是买方行使检验权，检验地点在目的地口岸。检验地点的选择具体见表 7.1。

表 7.1　检验地点的选择

检验地点	检验方式	适用范围
出口国检验	产地(工厂)检验	卖方对于货物在运输途中所发生的一切变化概不负责
	装运港(地)检验 (离岸品质，离岸重量)	卖方对交货后货物所发生的变化不承担责任
进口国检验	目的港(地)检验 (到岸品质，到岸重量)	买方有权对属于卖方责任的不符点，向卖方索赔
	买方营业处所检验 (最终用户所在地)	对一些使用前不便拆开包装，或因不具备检验条件而不能在目的港(地)检验的货物，如密封包装货物、精密仪器等，通常都是在买方营业处所或最终用户所在地检验。这种方法对卖方极为不利
出口国检验，进口国复验	卖方在出口国装运货物时，以合同规定的装运港(地)检验机构出具的检验证书，作为卖方向银行收取货款的凭证之一	我国进出口业务中最常用的一种方法
	货物运抵目的港(地)后进行复验，如果复验证明货物存在违约情形，卖方负责	
装运港(地)检验重量、目的港(地)检验品质	以装运港(地)验货后检验机构出具的重量检验证书，作为重量证明的最后依据	大宗商品交易的检验
	以目的港(地)验货后检验机构出具的质量检验证书，作为质量证明的最后依据	

除以上检验地点的选择外，我国对进出口商品的检验地点还有以下一些具体的规定。

(1) 法定检验范围内的出口商品，需要在商品原产地向当地的海关报检，合格的签发出口商品检验换证凭单，发货人凭此单向口岸商检机构办理换证放行手续。

(2) 进口的大宗散装货物及易腐烂变质的商品，以及发现残损的商品，一律在目的地口岸或到货站进行检验。

(3) 进口商品在目的地口岸或到货站检验确实有困难的，收货人应向口岸商检机构报验，由口岸商检机构对商品外观状态进行记录后办理异地检验手续，移送到使用地的商检机构实施检验。

(4) 进口的机电仪器和成套设备，需安装后在使用地进行检验。

(二)检验机构

在国际贸易中，买卖双方除了自行对货物进行必要的检验，保证商品质量外，通常还需要委托第三方对货物进行检验。商品检验机构，就是接受委托，对商品进行检验、鉴定和管理的机构。

1. 国外的检验机构

大多数国家都有自己的商品检验机构。这些商品检验机构有的是官方的检验机构，如美国食品药品管理局(FDA)、美国动植物检疫署，日本通商省检验所等；有的是半官方的检验机构，如美国担保人实验室(UL)；有的是非官方检验机构，如瑞士日内瓦通用鉴定公司(SGS)。

2. 我国的检验机构

中华人民共和国海关总署主管全国进出口商品检验工作(2018年4月20日关检合并后，中国出入境检验检疫局统一以海关名义对外开展工作)。原中国出入境检验检疫局(CIQ)是为国家进行出入境检验检疫工作的部门。其职责是对出入境的货物、人员、交通工具、集装箱、行李邮包携带物等进行包括卫生检疫、动植物检疫、商品检验等的检查，以保障人员、动植物安全卫生和商品的质量。它作为政府的一个执行部门，以保护国家整体利益和社会利益为衡量标准，以法律、行政法规、国际惯例或进口国的法规要求为准则，对出入境货物、交通运输工具、人员及事项进行检验检疫、管理及认证，并提供官方检验检疫证明，居间公证和鉴定证明的全部活动。

中国检验认证(集团)有限公司(CCIC)是在原中国进出口商品检验总公司基础上改制重组、经中国国务院批准成立、国家质量监督检验检疫总局和国家认证认可监督管理委员会认可的跨国检验认证机构。该机构的职责范围包括：办理商业性的委托检验为主，受委托进行进出口商品的检验、鉴定工作，出具检验报告或证书，并向委托人收取检验费。

◉ **知识链接**

再见，CIQ！你好，新海关！海关商检今日正式合并

今天，2018年4月20日！

这对所有人特别是从事进出口贸易、国际物流、港口及报关等的企业而言，将是一个非常重要的日子！

因为，从今天开始，出入境检验检疫局正式并入中国海关！

出入境检验检疫管理职责和队伍正式划入海关总署，机构改革后，海关的职责更宽广，队伍更壮大，达到"1+1＞2"的效果。那么关检合并后，会有哪些新变化呢？

"三个一"通关作业标准化

关检合一后，通关作业上就会实现"一次申报""一次查验""一次放行"，"三个一"的标准。"一次申报"是指在海关现有通关作业信息化尚未进行整合的情况下，通过"单一窗口"可实现"一次申报"，统一通过"单一窗口"实现报检，从而进一步加大"单一窗口"标准版的推进力度。我们相信，在关检机构合并的大背景下，假以时日，关检信息化系统可以实现完全融合。"一次查验"是指海关、检验检疫的查验指令下达，保留三个环节，即查验指令下达、实施查验、查验结果异常处置三个环节。"一次放行"是指收发货人凭海关放行指令提离货物。海关向监管场所发送放行指令，在放行环节核碰，实现一次放行。

对于广大进出口企业来说，企业通关费用减少，通关效率提升，贸易便利化程度进一步提高。

综上，此次合并意味着关检"两头跑"的时代结束。以前同一批货物进出口，要经历检疫、海关两部门申报，采用海关、检疫不同的两套系统。

合并后，同一栋楼，同一个机构，甚至同一个窗口，同一班人马就能完成，手续简化，货物通关速度加快，同时相关的费用降低。

报关报检企业资质一次注册

根据公告，今后企业报关报检资质合并，报关员与报检员资质合并，企业只需获取相关的备案，即可同时具备报关报检资质。例如，海关的AEO认证管理，检疫对企业也有信用管理，两者合并，统一信用管理执法标准、共享信息，大大提高企管能力及效率。

企业因此可以精减人员，工作量减少，报检员与报关员不再细分，甚至可以一人饰两角。因此，今后对于广大报关企业来说，对相关的报关报检从业人员要求将会提高。同时，他们的技能业务水平将得到进一步提升。

政策红利持续释放

口岸查验费用降低。关检合并后，一是可完全避免关检重复查验所产生的费用及时间成本；二是在诸多口岸，海关查验无问题费用由政府承担，合并后检验检疫查验无问题的，理所当然享受同等待遇。

检验检疫的"全国通检一体化"模式。全面开放属地申报和属地施检。全国通关一体化实施以来，广大进出口经营者好评不断，进出口通关效率得到了极大的提升，但与之对应的属地申报和属地施检等无法形成配套。相信借鉴海关的成功经验，检验检疫的"全国通检一体化"模式也必会到来。

进出口相关监管制度及管理将得到进一步优化。过去，如法检和3C目录管理当中存在诸多不合理的情况，与检验检疫事项有关的经营服务性收费彻底"管办分离"等，诸多需要从顶层解决的问题，在机构改革后也将迎来非常好的解决契机。

(三)检验证书

检验证书是由国家设置的检验机构或由经政府注册的、独立的、第三者身份的鉴定机构对商品进行检验,合格后所签发的书面证明文件。进出口商品检验是货物交接过程中不可缺少的一个环节。经检验合格的,发给检验证书,出口方即可报关出运;经检验不合格的,可申请一次复验,复验仍不合格的,不得出口。

常见的检验证书有以下几种。

品质检验证书(Inspection Certificate of Quality),是出口商品交货结汇和进口商品结算索赔的有效凭证;法定检验商品的证书,是进出口商品报关、输出输入的合法凭证。商检机构签发的放行单和在报关单上加盖的放行章有与商检证书同等通关效力;签发的检验情况通知单同为商检证书性质。

重量检验证书(Inspection Certificate of Weight),是证明进出口商品重量的证明文件。

数量检验证书(Inspection Certificate of Quantity),是证明进出口商品数量的证明文件。

兽医检验证书(Veterinary Inspection Certificate),是证明出口动物产品或食品经过检疫合格的证件。该证书适用于冻畜肉、冻禽、禽畜罐头、冻兔、肠衣等出口商品,是对外交货、银行结汇和进口国通关输入的重要证件。

卫生检验证书(Sanitary Inspection Certificate),是证明可供人类食用的出口动物产品、食品等经过卫生检验或检疫合格的证件。该证书适用于肠衣、罐头、冻鱼、蛋品、乳制品、蜂蜜等,是对外交货、银行结汇和通关验放的有效证件。

消毒检验证书(Disinfection Inspection Certificate),是证明出口动物产品经过消毒处理,保证安全卫生的证件。该证书适用于猪鬃、马尾、羽毛、人发等商品,是对外交货、银行结汇和通关验放的有效凭证。

熏蒸证书(Irspection Certificate of Fumigation),是用于证明出口粮谷、油籽、皮张等商品,以及包装用木材与植物性填充物等,已经过熏蒸灭虫的证书。

残损检验证书(Inspection Certificate on Damaged Cargo),是证明进口商品残损情况的证件。该证书适用于进口商品发生残、短、毁等情况;可作为受货人向发货人或承运人或保险人等有关责任方索赔的有效证件。

产地检验证书(Inspection Certificate of Origin)。如果合同规定出具原产地证明,按给惠国的要求,出口方开具原产地证明,商检机构签发原产地证书。

价值检验证书(Inspection Certificate of Value),是证明产品的价值或发票所载商品价值正确的文件。

(四)检验标准和方法

我国商检机构对进出口商品实施检验的标准,主要是根据双方签订的合同标准,或是与贸易有关的国家所制定的强制执行的法规标准,或是国际标准。

根据《中华人民共和国进出口商品检验法》的相关规定,由设在各地的海关依法对列入目录的进出口商品实施法定检验,其中对于符合国家规定免予检验条件的,可以申请免检，同时，对法定检验以外的可以实施抽检。

抽查检验的范围包括：可能危及人体健康、财产安全以及环境保护的商品；进出口数量大、质量不稳定或发生过较大质量事故的商品；国内外消费者投诉较多、有关用户反映质量问题较多、出口退货严重的商品；国内外有新的特殊技术要求的商品等。

● 知识链接

关检合并后，自 2018 年 6 月 1 日起正式全面取消通关单。此项新规将覆盖全国所有口岸的出入境法检货物，有利于进一步优化营商环境，促进贸易便利化。

通关单是什么？

通关单是指进出口法检商品的通行证。对于法定检验商品，必须先有通关单，海关才接受申报，商品才能够通关。

通关单由原出入境检验检疫部门签发，以出口通关单为例，企业提交检验申请后，提供有关单证和资料，由原检验检疫部门人员确定到厂抽样时间，对实际产品抽样检验。检验合格后，原检验检疫部门为产品出具通关单，在通关单规定时间内，该批次产品可凭通关单报关。

原出入境检验检疫部门 2018 年 4 月 20 日划入海关后，不再需要跨部门提供凭证，通关流程的简化成为改革的方向，海关内部即可完成对法检商品的检验与确认。全面取消通关单是关检业务优化整合的重要举措，将进一步减少通关作业环节，精简通关流程，明显缩短出入境法定检验检疫货物的通关时间，降低企业成本。

根据海关总署公告，今后，涉及法定检验检疫要求的进出口商品申报时，在报关单随附单证栏中不再填写原通关单代码和编号，应当填写报检电子回执上的检验检疫编号或企业报检电子底账数据号。

对于特殊情况下，仍然需要检验检疫纸质证明文件的，按以下方式处理。

(1) 对入境动植物及其产品，在运输途中需提供运递证明的，出具纸质"入境货物调离通知单"。

(2) 对出口集中申报等特殊货物，或因计算机、系统等故障问题，根据需要出具纸质"出境货物检验检疫工作联系单"。海关将统一发送一次放行指令，海关监管作业场所经营单位凭海关放行指令为企业办理货物提离手续。

第二节　报　　关

 情境案例

按照《中华人民共和国海关法》的规定，凡是进出国境的货物、物品，须在设有海关的港口、车站、国际航空站进出，并由货物的发货人或其代理人向海关如实申报，交验规定的单据文件，请求办理查验放行手续。经海关放行后，货物才可提取或装运出口。

夏利对出口的货物已经办理了出口托运，也办理了出口报检手续。接下来，夏利就要为这批货物及时办理出口报关手续了。红姐提醒夏利，向海关申报时，一定要"如实申报""如期申报"，因为所申报的数据自被海关接受之日起就产生了法律效力，报关员要对其负责，并承担相应的法律责任。同时，货物也要接受海关的查验。

因为夏利对报关所需提交的资料、报关时间及如何配合海关查验等这些业务不是很清楚，所以又去请教红姐。

情境问答

亲爱的同学们，请根据自己的初步认知，思考并回答以下问题。

① 请试着回答一下，报关需要什么资料？

答：_____

_____

_____

② 夏利所在的北京裕丰进出口贸易有限公司可以自行报关吗？还是需要委托报关行报关呢？如果夏利所在的公司可以自行报关，那么夏利可以报关吗？还需要考取报关员资格证吗？

答：_____

_____

_____

③ 夏利应当最晚在什么时候报关？天津新港海关关区代码是什么？

答：_____

_____

_____

理论认知

一、商品报关

(一)报关的概念

报关(Declare)，是指进出口货物收发货人、进出境运输工具负责人、进出境物品所有人或其代理人向海关办理货物、物品或运输工具进出境手续及相关海关事务的过程。

进出口货物进出境时，货物收发货人或其代理人必须向海关申报并办理相关进出境手续。海关根据进出口货物收发货人或其代理人的申报，依法对进出口的货物实施监督、征收关税和其他税费、查缉走私和编制海关统计。

报关是履行海关进出境手续的必要环节之一。

广州海关日前在非贸易渠道查获一起夹带走私案。这单货物是以非贸易方式申报进口的，委托人是一名持旅游签证的中国籍男子。申报的主要是旧电视等个人自用旧物品，价值1610美元。广州海关在审核单据时发现，货主申报的数量较少，但重量较重。经查在集装箱内发现日本产"明治"奶粉、"花王"纸尿裤等多种日本商品，总价值超过10万元人民币。

请问：哪些物品需要报关？走私物品应如何处理？

(二)报关的分类

1. 按照报关目的不同分类

按照报关目的不同，报关可以分为进境报关、出境报关。

由于海关对货物的进出境有不同的管理要求，根据货物进境和出境的目的不同分别形成了一套进境报关手续和出境报关手续。

2. 按照报关行为性质的不同分类

按照报关行为性质的不同，报关可以分为自理报关和代理报关。

自理报关，是指进出口货物收发货人自行办理报关手续的行为。根据《中华人民共和国海关法》第十一条的规定，进出口货物收发货人、报关企业办理报关手续，必须依法经海关注册登记。未依法经海关注册登记，不得从事报关业务。

报关企业和报关人员不得非法代理他人报关，或者超出其业务范围进行报关活动。

代理报关，是指接受进出口货物收发货人的委托，代理其办理报关手续的行为。根据代理报关法律行为责任的承担不同，代理报关又分为直接代理报关和间接代理报关。

直接代理报关，是指报关企业接受委托人的委托，以委托人的名义办理报关手续的行为。

间接代理报关，是指报关企业接受委托人的委托，以自己的名义办理报关手续的行为。

间接代理报关只适用于经营快件业务的国际货物运输代理业务。

(三)报关单版式及填制

原出入境检验检疫部门于2018年4月20日划入海关后，于6月1日全面取消《入境/出境货物通关单》。8月1日起，海关进出口货物将实行整合申报，报关单、报检单合并为一张新的报关单、一套随附单证、一套通关参数。中华人民共和国海关进口货物报关单、中华人民共和国海关出口货物报关单如表7.2和表7.3所示。

企业通过"中国国际贸易单一窗口"或"互联网+海关"，使用一个界面、一次申报，实现一号到底、一单到底；出口申报由信息化系统自动核对出口检验检疫电子底账数据，录入报关和报检信息，单击"一次申报"就可完成。经过梳理整合，原报关、报检共229个申报项目合并精简至105个，统一了国别(地区)、港口、币制等8个原报关、报检共有项的代码，其中7个采用国家标准代码或与国家标准建立对应关系。海关简化整合进口申报随附单证，将原报关、报检74项随附单据合并整合成10项，102项监管证件合并简化成64项。

表7.2 中华人民共和国海关进口货物报关单

预录入编号：　　　　　海关编号：　　　　　页码/页数：

境内收货人		进境关别	进口日期	申报日期	备案号
境外发货人		运输方式	运输工具名称及航次号	提运单号	货物存放地点
消费使用单位		监管方式	征免性质	许可证号	启运港
合同协议号		贸易国(地区)	启运国(地区)	经停港	入境口岸
包装种类	件数	毛重(千克)	净重(千克)	成交方式	运费	保费	杂费

随附单证
随附单证1：　　　　　随附单证2：

标记唛码及备注

项号	商品编号	商品名称及规格型号	数量及单位	单价/总价/币制	原产国(地区)	最终目的国(地区)	境内目的地	征免
1								
2								
3								

特殊关系确认：　　价格影响确认：　　支付特许权使用费确认：　　自报自缴：

报关人员	报关人员证号	电话	兹申明以上内容承担如实申报、依法纳税之法律责任	海关批注及签章

申报单位　　　　　　　　申报单位(签章)

报关单、备案清单版式由竖版改为横版，纸质单证全部采用普通打印方式，取消套打，不再印制空白格式单证。

表7.3　中华人民共和国海关出口货物报关单

预录入编号：　　　　海关编号：　　　　页码/页数：

境内发货人	出口日期	申报日期	备案号
境外收货人	运输方式	运输工具名称及航次号	提运单号
生产销售单位	监管方式	征免性质	许可证号
合同协议号	贸易国(地区)	运抵国(地区)	指运港	离境口岸

包装种类	件数	毛重(千克)	净重(千克)	成交方式	运费	保费	杂费

随附单证　随附单证1：

随附单证2：

标记唛码及备注

项号	商品编号	商品名称及规格型号	数量及单位	单价/总价/币制	原产国(地区)	最终目的国(地区)	境内货源地	征免
1								
2								
3								
4								

特殊关系确认：　价格影响确认：　支付特许权使用费确认：　自报自缴：

报关人员	报关人员证号	电话	兹申明以上内容承担如实申报、依法纳税	海关批注及签章
			之法律责任	

申报单位　　　　　　　　　　　　　申报单位(签章)

报关单、备案清单单版版式由竖版改为横版，纸质单证全部采用普通打印方式，取消套打，不再印制空白格式单证。

1. 新增栏目

境外收发货人：境外收货人通常是指签订并执行出口贸易合同中的买方或合同指定的收货人；境外发货人通常是指签订并执行进口贸易合同中的卖方。

境外收发货人的填写如图 7.1 所示。

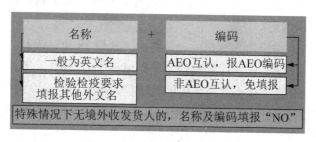

图 7.1　境外收发货人的填写

货物存放地点：是指货物进境后存放的场所或地点，包括海关监管作业场所、分拨仓库、定点加工厂、隔离检疫场、企业自有仓库等。

起运港：填报进口货物在运抵我国关境前的第一个境外装运港。

自报自缴：进出口企业、单位采用"自主申报、自行缴税"(自报自缴)模式向海关申报时，填报"是"；反之则填报"否"。

入境/出境口岸：出/入境口岸如表 7.4 所示。

表 7.4　出/入境口岸

	入境口岸	离境口岸
正常出入境	货物自跨境运输工具卸离的第一个境内口岸名称与代码	跨境运输工具离境的第一个境内口岸名称与代码
多式联运跨境	最终卸离的境内口岸名称与代码	最初离境的境内口岸名称与代码
过境货物	进入境内的第一个口岸名称与代码	离境的第一个口岸名称与代码
从海关特殊区域或保税监管场所跨境	海关特殊区域或保税监管场所名称与代码	
无实际进出境	货物所在地的城市名称及代码	

2. 修改栏目

"收发货人"改为"境内收发货人"。

"进口口岸/出口口岸"改为"进境关别/出境关别"。

"装货港/指运港"改为"经停港/指运港"。

"随附单证"改为"随附单证及编号"。

3. 修改填报要求

(1) 预录入编号。一是删除"预录入编号规则由接受申报的海关决定"的表述，改为

"由系统自动生成";二是新增赋号规则与编号构成的表述。

(2) 海关编号。增加"由系统自动生成"的表述。

(3) 备案号。一是根据实际情况将"减、免税备案审批"的表述修改为"减、免税审核确认";二是补充了"海关特殊监管区域和保税监管场所保税账册"填报要求;三是对加工贸易设备之间结转的填报要求下补充了"使用账册管理的海关特殊监管区域内减免税设备之间的结转"的适用情形。

(4) 境内收发货人。编码填报变化:一是将由"选填18位法人和其他组织统一社会信用代码或10位海关注册编码任一项"改为"编码填报18位法人和其他组织统一社会信用代码";二是明确"没有统一社会信用代码的,填报其在海关的备案编码"。

特殊情况填报要求变化:一是删除"使用海关核发的《中华人民共和国海关加工贸易手册》、电子账册及其分册管理的货物,收发货人应与《加工贸易手册》的经营企业一致"的表述;二是新增涉特殊监管区域进出口货物填报要求的表述。

(5) 运输方式。进出境旅客随身携带货物的运输方式由"按旅客实际进出境方式所对应的运输方式填报"改为填报"'旅客携带'(代码 L)";增加"以固定设施(包括输油、输水管道和输电网等)运输货物的,填报'固定设施运输'(代码 G)"。

(6) 运输工具名称及航次号。根据海关通关业务改革推进的实际情况,将适用的第一类报关单由"直接在进出境地或采用区域通关一体化通关模式办理报关手续的报关单"改为"直接在进出境地或采用全国通关一体化通关模式办理报关手续的报关单"。

(7) 免征性质。删除3款,其中加工贸易特殊情况填报要求2款:分别为"保税工厂经营的加工贸易"和"外商投资企业为加工内销产品而进口的料件,属非保税加工的"。另一款为"我国驻外使领馆工作人员、外国驻华机构及人员、非居民常驻人员、政府间协议规定等应税(消费税)进口自用小汽车,并且单台完税价格130万元及以上的",本栏目填报"特案"。

(8) 消费使用单位/生产销售单位。一是删除"使用《加工贸易手册》管理的货物,消费使用单位/生产销售单位应与《加工贸易手册》的'加工企业'一致"的表述;二是增加涉海关特殊监管区域货物报关单的填报要求;三是修改了编码的填报要求,由原按照是否在海关注册登记适用不同填报要求改为按照是否有18位法人和其他组织统一社会信用代码确定具体填报要求;四是增加"消费使用单位/生产销售单位"为自然人情形下的填报要求。

(9) 监管方式。删除加工贸易的特殊情况填报要求4项。

(10) 包装种类。由"填报实际外包装种类"改为"填报所有包装材料"。"包装材料"包括"运输包装和其他包装"。其中,"运输包装"指提运单所列货物件数对应的包装,"其他包装"包括货物的各类包装,以及植物性铺垫材料等。

(11) 项号。是将"项号第二行"统称为"备案序号"。

(12) 申报单位。一是调整了编码的填报要求;二是调整了此栏目关于报关人员信息的具体填报要求。

(13) 标记唛码及备注。一是增加"无标记唛码的填报 N/M";二是增加"保税间流转货物"填报"关联备案"和"关联报关单"的要求;三是修改"暂时进出货物"(2600)和"展览品"(2700)的填报要求;四是删除"预归类"和"预审价"的填报要求,明确"预裁定决定"的填报要求；五是增加"已经在进入特殊监管区时完成检验的货物在出区入境申报时""进口直接退运的货物""企业提供 ATA 单证册的货物""不含动物源性低风险生物制品""货物自境外进入境内特殊监管区或者保税仓库的""海关特殊监管区域与境内区外之间采用分送集报方式进出的"等 11 种对应具体填报规则的情况；六是将集装箱信息填报要求纳入本栏目，并调整集装箱具体填报要求：删除"集装箱自重"，调整"集装箱规格"的参数，新增"集装箱商品项号关系"(单个集装箱对应的商品项号，半角逗号分隔)和"集装箱货重"(集装箱箱体自重+装载货物重量，千克)。

(14) 随附单证及编号。一是吸收了 2016 年第 56 号署公告关于申请享受协定税率或特惠税率的优惠贸易协定项下货物的填报要求，完整列出了所有优惠贸易协定代码(20 个)；二是新增了各优惠贸易协定项下免提交原产地证据文件的小金额进口货物的填报要求。

(15) 商品名称及规格型号。一是增加"品牌类型""出口享惠情况"；二是增加进口已获 3C 认证的机动车辆须填报的信息。

(16) 境内目的地/境内货源地。由表头填报改为表体填报；增加"根据《中华人民共和国行政区划代码表》选择填报境内目的地对应的县级行政区名称及代码，无下属区县级行政区的，可选择填报地市级行政区"。

4．删除栏目

删除了"版本号""货号""录入员"和"录入单位"。

二、一般进出口货物报关程序

一般进出口货物，是指在进出境环节缴纳了应征的进出口税费并办结了所有必要的海关手续，海关放行后不再进行监管，可以直接进入生产和消费领域流通的进出口货物。

一般进出口货物的特征：①进出境时缴纳进出口税费；②进出口时提交相关的许可证件；③海关放行即办结了海关手续。

(一)进出口申报

进出口申报，是指进出口货物收发货人、受委托的报关企业，依照《中华人民共和国海关法》及有关法律、行政法规的要求，在规定的期限、地点，采用电子数据报关单和纸质报关单的形式，向海关报告实际进出口货物的情况，并接受海关审核的行为。

进出口申报地点：一般情况下，进口货物收货人或其代理人应当在货物的进境地(进入我国关境的第一个口岸)向海关申报，如需转关运输，可在设有海关的指运地申报；出口货物的发货人或其代理人应当在货物的出境地(离开我国关境的最后一个口岸)向海关申报，如需转关运输，可在设有海关的起运地申报。

申报期限：进口货物自运载进口货物的运输工具申报进境之日起 14 天内(期限的最后一天是法定节假日或星期日的，顺延到节假日或星期日后的第一个工作日)。超期 3 个月由海关变卖处理(运输工具申报进境之日起)。不宜长期保存的货物，根据实际情况随时处理；出口货物的申报期限是货物运抵海关监管区后、装货的 24 小时以前。

进口货物因收货人在运输工具申报进境之日起超过 3 个月未向海关申报，被海关提取作变卖处理后，收货人申请发还余款的，以自运输工具申报进境之日起第 15 日为起征日，滞报金的截止日为该 3 个月期限的最后一日。

滞报金的日征收金额为进口货物完税价格的 0.5‰，以人民币"元"作为计价单位，不足人民币一元的免予计征。滞报金的起征点为人民币 50 元。滞报金的计算公式如下。

滞报金金额=进口货物完税价格×0.5‰×滞报期间(滞报天数)

具体的申报期限如图 7.2 所示。

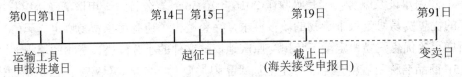

第0日 第1日　　第14日 第15日　　第19日　　　　　　第91日

运输工具　　　　　起征日　　截止日　　　　　变卖日
申报进境日　　　　　　　(海关接受申报日)

图 7.2　申报期限图

申报日期：申报数据被海关接受的日期。无论是以电子数据报关单方式申报还是以纸质报关单方式申报，海关接受申报数据的日期即为申报日期。

申报单证：向海关提交的单证分为主要单证和随附单证，如表 7.5 所示。

表 7.5　申报单证

申报单证		主要单证	报关单
	随附单证	基本单证	是指与进出口货物直接相关的货运单据和商业单据，主要包括：发票、进口提货单、出口装货单、装箱单等
		特殊单证	是指国家有关法律法规规定实行特殊管制的证件，主要包括：进出口许可证、加工贸易登记手册、特地减免税证明、原产地证明书、外汇收付汇核销单、担保文件等
		预备单证	预备证是海关在审单、征税的时候需要调阅或者收取备案的，主要包括：贸易合同、进出口企业工商执照等有关证明文件

海关接受申报后，申报内容不得修改，报关单证不得撤销。确有正当理由，经海关审核批准，可以修改或撤销。下列六种情况可向海关申请修改申报内容或撤销申报：①报关人员操作或书写失误造成申报差错，但未发现有走私违规或者其他违法嫌疑的；②出口货物放行后，由于装配、装运等原因造成原申报货物全部或部分退关的；③进出口货物在装载、运输、存储过程中因溢短装、不可抗力的灭失、短损等原因造成原申报数据与实际货物不符的；④根据国际惯例先行采用暂时价格成交、实际结算时按商检品质认定或国际市场实际价格付款方式需要修改原申报单据的；⑤由于计算机、网络系统等方面的原因导致电子数据申报错误的；⑥其他特殊情况经海关核准同意的。

(二)配合查验

查验是海关为确定进出口货物收发货人或其代理人向海关申报的内容是否与进出口货物的真实情况相符，或者为确定商品的归类、价格、原产地等，依法对进出口货物进行实

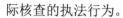

际核查的执法行为。

海关查验时，进出口货物收发货人或其代理人应当在场。查验一般应当在海关监管区内实施，因特殊情况不适宜在海关监管区内实施查验的，经申请，海关可派人到海关监管区外实施查验。海关将查验的决定以书面形式通知进出口货物收发货人或其代理人，约定查验时间。

海关查验方法主要有三种：彻底查验、抽查、外形查验。

彻底查验，是指对货物逐件开箱(包)查验，对货物品种、规格、数量、重量、原产地、货物状况逐一与申报的报关单详细核对。

抽查，是指按照一定的比例选择开箱(包)查验，对开箱(包)货物品种、规格、数量、重量、原产地、货物状况逐一与申报的报关单详细核对。

外形查验，是指对货物的包装、唛头等进行验核，包括货物的外包装有无开拆、破损等痕迹，以及有无反动、黄色文字、图像等。

如进出口货物有违法嫌疑的，或经海关通知查验，进出口货物收发货人或其代理人届时未到场的，海关可以径行开验。

(三)缴纳进出口税费

进出口税费，是指进出口环节中由海关依法征收的关税、海关代征的增值税、消费税等税费。

经海关审核报关单，并查验货物无误后，海关根据申报的货物计算税费并打印纳税缴款书和收费票据。进出口货物收发货人或其代理人凭海关签发的缴税缴款书和收费票据在限定的时间内(收到缴款书后15日内)向指定银行缴纳税费，或在网上进行电子支付。

(四)海关进出境现场放行和货物结关

海关进出境现场放行：经上述过程后，海关对进出口货物做出结束海关进出境现场监管的决定，允许进出口货物离开海关监管场所的工作环节。方式是由海关在提货凭证或出口装货凭证上加盖海关放行章，实行无纸通关的海关，货物的收发货人或其代理人根据海关发出的海关放行的报文，自行打印放行凭证。

货物结关：进出口货物办结海关手续，结束海关监管(表示已经履行完与进出口有关的一切义务)。

海关现场放行：一般进出口货物，海关放行后就可以进入生产和流通领域，放行就是结关。保税货物、暂准进口货物、特定减免税货物，放行并不等于结关，海关在一定时期内还需进行监管。

进出口货物收发货人或其代理人，办理完提取进口货物或装运出口货物的手续后，如有需要，可向海关申请签发以下证明：进口货物报关单付汇证明、出口货物报关单收汇证明、出口外汇核销单、出口货物报关单退税证明、进口货物证明。

实训项目

1. 根据小组签订的贸易合同要求和合同标的物商品名称，查找海关 HS 编码，同时查看是否需要检验检疫，如需要，请完成报检工作。

2. 填写报关单，完成商品报关手续。

练 习 题

一、名词解释

商品检验　法定检验　报关　一般进出口货物　进出口申报

二、填空题

1. 进出口税费是指进出口环节中由海关依法征收的_____、海关代征的_____、_____等税费。

2. 查验是海关为确定进出口货物收发货人或其代理人向海关申报的内容是否与_____相符，或者为确定商品的_____、_____、_____等，依法对进出口货物进行_____的执法行为。

3. 一般进出口货物的特征是：①_____；②_____；③_____。

4. 报关是指进出口货物收发货人、进出境运输工具负责人、进出境物品所有人或其代理人向海关办理_____、_____或_____及_____的过程。

5. 商品检验是指商品的产方、买方或者第三方在一定条件下，借助于某种手段和方法，按照合同、标准或国内外有关法律、法规、惯例，对商品的_____、_____、_____、_____、包装、_____及_____等方面进行检查，并做出合格与否或通过验收与否的判定或为维护买卖双方合法权益，避免或解决各种风险损失和责任划分的争议，便于商品交接结算而出具各种有关证书的业务活动。

三、单项选择题

1. 以下不是检验证书的作用的是(　　)。

　　A. 作为证明卖方所交货物的品质、数量、包装等内容是否符合合同规定的依据

　　B. 确定检验标准和检验方法的依据

　　C. 作为出口商议付货款的有效单据之一

　　D. 作为海关验关放行的凭证

2. 在出口国检验，进口国复验的这种检验条款(　　)。

　　A. 对卖方有利

　　B. 对买方有利

C. 比较公平合理，照顾了买卖双方的利益

D. 对保险公司有利

3. 关于一般进出口货物的海关申报，下列表述不正确的是(　　)。

A. 进口/出口货物必须在进境/出境地办理海关申报手续

B. 如果需要转关，出口货物的发货人或其代理人可以在设有海关的货物起运地申报

C. 如果需要转关，进口货物的收货人或其代理人可以在设有海关的货物的指运地申报

D. 进口货物应自装载货物的运输工具申报进境之日起 24 日内申报

4. 关于收发货人或其代理人配合海关查验的主要工作错误的表述是(　　)。

A. 搬移货物，开拆和重封货物的包装

B. 回答查验关员的询问

C. 协助海关提取需要作进一步检验、化验或鉴定的货样

D. 填写查验记录单

四、判断题

1. 所有的进出口商品在办理进出口清关手续时，都必须向海关提供商检机构签发的检验证书，否则，海关不予放行。　　　　　　　　　　　　　　　　　　　　　(　　)

2. 若合同中规定以离岸品质、离岸重量为准，则以双方约定的商检机构在出口货物装船前出具的品质、数量、包装等检验证明，作为决定品质、重量的最后依据。　(　　)

3. 若买方没有利用合理的机会检验货物，就是放弃了检验权，从而就丧失了拒收货物的权利。　　　　　　　　　　　　　　　　　　　　　　　　　　　　　　　(　　)

4. 海关对进出口货物有违法嫌疑的或经海关通知查验，进出口货物收发货人或其代理人届时未到场的可以径行查验。　　　　　　　　　　　　　　　　　　　　　(　　)

5. 凡属法定检验范围的商品，在办理进出口清关手续时，必须向海关提供商检机构签发的检验证书，否则，海关不予放行。　　　　　　　　　　　　　　　　　　　(　　)

五、案例分析题

1. 我国某出口公司向新加坡商人出口一批花生，CIF 新加坡。新加坡商人又将该货物转卖给马来西亚商人，货物到了新加坡后，新加坡商人发现货物的质量存在问题，但仍将原货物转卖至马来西亚。其后，新加坡商人在合同规定的索赔期限内凭马来西亚商检机构签发的检验证书向我方提出退货要求。请问：我公司应该如何处理，为什么？

2. 我国 A 出口公司与国外 B 公司签订一份外销合同，合同规定货物出口前由 B 公司指定人员到生产工厂进行检验，由于该指定人员临时有事，无法按时到达厂家，致使货物无法出运，而合同中对于发生此种情况又无具体规定。请问：如果你是具体经办人员，该如何处理？

六、实操题

1. 根据以下资料,订立出口合同中的检验检疫条款(以装运港检验证书为议付货款的依据,货到目的港后,买方有权复验)。

买卖双方同意以装运港(地)原中国进出口商品检验局签发的品质和重量检验证书为信用证项下议付所提交的单据之一,买方有权对货物的品质和重量进行复验,复验费由买方负担。如果发现货物品质和重量与合同规定不符,买方有权向卖方索赔,并提供经卖方同意的公证机构出具的检验报告。索赔期限为货物到达目的港(地)后××天内。

2. 请根据所学知识,画出一般进出口货物的报关操作程序图。

第八章 货款收付

学习目标

- 掌握汇票、本票和支票的内容。
- 掌握汇付、托收和信用证的内容。
- 熟悉汇付、托收和信用证的操作。
- 掌握收付工具的选择和使用方法。

第一节 收付工具

情境案例

夏利完成货物的交付后，红姐提醒夏利应该抓紧时间制作单据到银行结汇。因为合同中货款的结算采用信用证方式。而在信用证结算方式下，银行付款不需要去审核卖方所交货物是否与合同要求相一致，只需审核卖方所提交的单据是否与信用证要求相一致即可。所以银行对单据的审核非常严格。单据的正确与否将直接关系到企业的货款能否顺利收回。因此，红姐提醒夏利在制单时一定要认真、仔细，务必保证单据的正确、完整。

根据英国 Miracle 贸易公司于 2018 年 6 月 18 日开来的信用证的要求，夏利需要提交的议付单据分别为汇票、商业发票、装箱单、海运提单、产地证、保险单等。红姐告诉夏利，汇票、发票和装箱单应由夏利自己缮制，提单是从承运人处取得，保险单由保险公司提供，产地证书、商检证书由海关出具(关检合一)。

最后，夏利在红姐的帮助下，根据信用证的要求，制作了一张汇票，具体如下。

BILL OF EXCHANGE

No.AB121208

Exchange for : <u>USD 48 000.00</u>   DATE: <u>JULY 18th,2018,BEIJING</u>

      (amount in figure)   (place and date of issue)

At 60 DAYS AFTER sight of this FIRST bill of exchange(SECOND being unpaid)

Pay to the order of <u>BANK OF CHINA ,BEIJING BRANCH</u>

The sum of <u>SAY U.S.DOLLARS FORTY EIGHT THOUSAND ONLY.</u>

                        (amount in words)

Value received for <u>3 000PCS</u> of <u>Men's shirt</u>

  (quantity)   (name of commodity)

Drawn under <u>HSBG BANK UK , LONDON BRANCH</u>

L/C No. <u>L02012345</u> Dated <u>JUNE 18th,2018</u>

To : HSBG BANK UK , LONDON BRANCH

211 HILL AVENUE, LONDON , UK

(for and on behalf of)

Beijing Yufeng Import & Export Co.,Ltd.

情境问答

亲爱的同学们，请根据自己的初步认知，思考并回答以下问题。

① 请试着回答学过的贸易术语中，采用哪些贸易术语的货物贸易，其结算方式是"凭单交货，见单付款"。

答：_____

_____

② 红姐为什么要特别提醒夏利制单时一定要认真、仔细？

答：_____

_____

③ 夏利制作的这张汇票正确吗？请试着翻译这张汇票。

答：_____

_____

_____

理论认知

作为国际贸易活动中重要的一环，货款的收付直接关系到买卖双方的利益，是双方都需要面对和解决的重要且繁杂的问题。由于国际贸易中买卖双方所处的国家不同，使用的货币不同，导致货款结算的难度加大。且双方空间距离甚远，货物从卖方出运到买方收到货物需要一段较长的时间，交货付款不能同时进行，这就为贸易活动增加了困难和风险。为了解决这一问题，多种国际贸易收付工具和方式应运而生。

由于现实原因，国际贸易活动大都使用非现金结算方式，即使用票据取代现金进行国际间债务结算。国际贸易结算活动中常用的票据有汇票、本票和支票，其中以汇票的使用率最高。

一、汇票

(一)汇票的含义和当事人

汇票(Bill of Exchange/Draft)是出票人签发的，委托付款人在见票时，或存在指定日期无条件支付确定的金额给收款人或者持票人的命令。

汇票涉及以下三方当事人。

出票人(Drawer)：签发汇票的人。在国际贸易中，通常为出口商。

受票人(Drawee)：也称付款人(Payer)，是指接受命令并付款的人。在进出口贸易中，受票人通常为进口商或信用证下的指定银行。在信用证付款方式下，若信用证上没有指定的付款人，根据《UCP 600》的规定，开证行就是付款人。

受款人(Payee)：也就是收款人，是指受领汇票金额的人。在国际贸易中，受款人通常为出口商或其指定的银行。

(二)汇票的内容

根据《中华人民共和国票据法》的规定，汇票必须载明以下事项：①注明"汇票"字样；②无条件支付委托；③确定的金额；④付款人的名称；⑤收款人的名称；⑥汇票的出票日期；⑦出票人签章。

上述为汇票的基本要项，但不是汇票的全部内容。按照各国票据法的规定，汇票的要项必须齐全，否则汇票无效，受票人有权拒付。

汇票的填制说明如下。

(1) 汇票号码，一般为此项交易的发票号码。

(2) 出票日期和地点，须用英文填写，如 APRIL 10th, 2018 GUANGZHOU。一般情况下，出票日期为议付日期，出票地点为议付地点。

(3) 出票三要素。在信用证业务中，一般包括三个内容：开证行名称、信用证编号和信用证开立日期。

(4) 汇票金额小写，用货币简称和阿拉伯数字填写，保留两位小数，如 USD1000.00。一般情况下，汇票金额与发票金额一致。此项不可涂改，否则需加盖校正章。

(5) 付款期限，若为即期汇票，则在横线上填写"——"；若为远期汇票，则填写规定的付款期限或指定的日期，如"20 DAYS AFTER"或"APRIL 15th, 2018"。

(6) 收款人名称，一般为银行名称。在出口业务中，该项已事先填好。

(7) 汇票金额大写，由货币全称和大写金额两部分组成。其固定格式为"SAY *******ONLY."(合计*****整)。

(8) 付款人名称和地址。

(9) 出票人签章。此项需要写上出口商公司全称和负责人签字。

汇票的样式如图 8.1 所示。

Bill of Exchange

No._____(1)_____   Date._____(2)_____

Drawn under_____(3)_____

L/C No._____(3)_____   Dated:_____(3)_____

Exchange for_____(4)_____

At _____(5)_____ sight of this FIRST of Exchange（Second of Exchange being unpaid）

Pay to the order of_____(6)_____

The sum of_____(7)_____

To:_____(8)_____

_____(9)_____
(Signature)

图 8.1　汇票的样式

(三)汇票的分类

1. 按出票人分

汇票按出票人的不同分为银行汇票和商业汇票。

银行汇票，是指出票人是银行，付款人也是银行的汇票。

商业汇票，是指出票人是工商企业或个人，付款人是其他工商企业、个人或银行的汇票。

在国际贸易中，通常用的是商业汇票。

想一想

银行汇票是商业汇票吗？

2. 按随附单据分

汇票按是否随附单据分为光票和跟单汇票。

光票，是指不随附商业单据的汇票。银行汇票多是光票。

跟单汇票，是指需要随带提单、商业发票、装箱单等商业单据才能进行付款的汇票。商业汇票一般是跟单汇票。

在国际贸易中，通常用的是跟单汇票。

3. 按付款时间分

汇票按付款时间分为即期汇票和远期汇票。

即期汇票：是指付款人见票时立即付款的汇票。

远期汇票：是指付款人在将来一个可以确定的日期或在一个指定的日期付款的汇票。

远期汇票付款时间表示方法如下。

At *** days after sight(见票后若干天付款)：这种汇票付款时间的起算日是付款人的见票日。在信用证结算时就是单据的收单日。

At *** days after date of draft(出票日后若干天付款)：这种汇票付款时间不受付款人见票的限制，可以节省从出票日到见票日的这段时间，对出票人有利。

At *** days after date of B/L(提单签发日后若干天付款)：这种汇票的付款时间以提单签发日起算，较为客观合理。

Fixed date(某一特定日期)：这种汇票的付款时间是指定的日期。在国际贸易中较少使用。

汇票到期日的计算方法：算尾不算头。如到期日为节假日，则顺延至下一个工作日付款。

◉ 想一想

某付款人收到的汇票期限为"at 30 days after sight"，见票时间是2018年9月3日(星期一)。请问：汇票的到期日是哪一天？

(四) 汇票的使用

汇票作为一种重要的无条件支付的有价票据，可通过背书转让，在遭遇拒付时还可以行使追索权。汇票有两份正本，且具有同等效力，但付款人付一不付二(FIRST bill of exchange，SECOND being unpaid)或付二不付一(SECOND bill of exchange, FIRST being unpaid)，即其中一份已付，另一份自动失效。汇票使用过程中的各个行为都由票据法加以规范，主要行为有出票、提示、承兑、付款、背书、拒付和追索。

1. 出票

出票(Draw/Issue)：出票人签发票据并将其交付给受款人的行为。

出票包含两个步骤：①出票人缮制汇票并签名；②出票人将汇票交付给收款人。

出票是设立债权债务的行为，只缮制汇票而不交付不叫出票，只有经过交付，汇票才开始生效。

汇票的受款人，亦即抬头，有以下三种写法。

限制性抬头：不能流通转让，只能由抬头人收款。例如，仅付***公司(pay *** Co. only)。

指示性抬头：经背书可以流通转让。例如，付***公司或指定人(pay *** Co. or order)或付***公司指定人(pay to the order of *** Co.)。

持票人或来人抬头：仅凭交付汇票即可转让，无须背书。例如，付给来人(pay bearer)。

2. 提示

提示(Presentation)，是指持票人向付款人出示汇票，并要求承兑或付款的行为。

付款人看到汇票的行为就是见票。

提示分为付款提示和承兑提示。

付款提示：汇票持有人向付款人提交汇票，要求付款人见票立即付款。

承兑提示：远期汇票持票人要求付款人见票后办理承兑手续，承诺到期付款。

◉ **知识链接**

《中华人民共和国票据法》第五十三条规定，持票人应当按照下列期限提示付款：(一)见票即付的汇票，自出票日起 1 个月内向付款人提示付款；(二)定日付款、出票后定期付款或者见票后定期付款的汇票，自到期日起 10 日内向承兑人提示付款。持票人未按照前款规定期限提示付款的，在做出说明后，承兑人或者付款人仍应当继续对持票人承担付款责任。通过委托收款银行或者通过票据交换系统向付款人提示付款的，视同持票人提示付款。

3. 承兑

承兑(Acceptance)，是指汇票付款人承诺在汇票到期日支付汇票金额的票据行为。

付款人应自收到提示承兑的汇票之日起 3 日内承兑或拒绝承兑。付款人承兑汇票的，应当在汇票正面记载"承兑"字样和承兑日期并签章；见票后定期付款的汇票，应当在承兑时记载付款日期。付款人承兑汇票，不得附有条件；承兑附有条件的，视为拒绝承兑。付款人承兑汇票后，应当承担到期付款的责任。

◉ **想一想**

即期汇票有承兑行为吗？

4. 付款

付款(Payment)，是指付款人在汇票到期日向持票人支付汇票金额，支付后，汇票的债权债务关系即终止。当付款人付清款项后，持票人在汇票上要记载"收讫"字样并签名交出汇票。

5. 背书

背书(Endorsement)，是指汇票持有人在汇票的背面签上自己的名字或再加上受让人(被背书人)的名字，并把汇票交与受让人的行为。

经过背书后，汇票的收款权利就转让给了受让人。

背书分为空白背书、指示性背书、限制性背书三种方式。

空白背书：亦称不记名背书，是指背书人在汇票背面签字，而不写被背书人姓名。

指示性背书：亦称记名背书或特别背书，是指背书人在汇票背面签字且写明被背书人姓名。被背书人还可再继续通过背书行为转让给他人。

限制性背书：亦称不可转让背书，是指背书人对支付给被背书人的指示带有限制性词语。例如，仅付***公司(pay to *** company only)，这样的汇票不能继续转让。在国际贸易中很少使用这种方式。

◉知识链接

《中华人民共和国票据法》第三十条规定，汇票以背书转让或者以背书将一定的汇票权利授予他人行使时，必须记载背书人名称。也就是说，我国法律不允许持票人采用"空白背书"的方式转让票据权利。

6. 拒付

拒付(Dishonor)，亦称退票，是指持票人向付款人提示汇票时，付款人拒绝承兑或拒绝付款。

拒付不仅包括付款人明确表示拒绝承兑或拒绝付款，还包括付款人避而不见、逃匿、破产、死亡等原因致使持票人无法取得承兑或付款的情形。

7. 追索

追索(Recourse)，是指汇票被拒付后，持票人除可以向承兑人追偿外，还可以向其前手请求偿还汇票金额和费用的权利。持票人有权不按先后顺序，对前手中任何一人、数人或全体追索票款，即享有追索权。

二、本票

(一)本票的含义和当事人

本票(Promissory Note)，是指一个人向另一个人签发的，保证在见票时或可确定的将来时间，对某人或其指定人或持票人无条件支付一定金额的票据。

本票涉及两个当事人：出票人和收款人。本票的付款人就是出票人自己。

(二)本票的内容

根据《中华人民共和国票据法》的规定，本票必须载明下列事项：①表明"本票"字样；②无条件支付的承诺；③确定的金额；④收款人的名称；⑤出票日期；⑥出票人签章。

本票上未记载上述规定事项之一的，本票无效。本票的样式如图8.2所示。

```
Promissory Note for JPY600.00        Guangzhou, April 3rd.2018

At 60 days after date we promise to pay SUN ARTS IMPORT AND
EXPORT CORPORATION or order the sum of Six Hundred Yen Only .

                          For    Bank of China,Guangzhou
                                      (Signature)
```

图8.2　本票的样式

(三)本票的分类

1. 按出票人分

按出票人的不同，本票可以分为银行本票和商业本票。

银行本票：是指由银行签发的本票。

商业本票：亦称一般本票，是指由工商企业或个人签发的本票。

在国际贸易中，货款的结算一般用的是银行本票。

2. 按付款时间分

按付款时间的不同，本票可以分为即期本票和远期本票。银行本票都是即期本票。

三、支票

(一)支票的含义和当事人

支票(Check/Cheque)，是指以银行为付款人的即期汇票，即存款人签发给银行的无条件支付一定金额的委托或命令。

支票的出票人签发支票金额时不得超过其付款时在付款人处实有的存款金额，否则就是空头支票。开出空头支票的出票人要承担相应的法律责任。各国法律均禁止签发空头支票。

支票涉及三方当事人：出票人(支票签发人)、受票人(出票人的开户行)和受款人(亦称收款人，可在支票上注明或不注明)。

(二)支票的主要内容

根据《中华人民共和国票据法》的规定，支票必须载明下列事项：①表明"支票"字样；②无条件支付的委托；③确定的金额；④付款人的名称；⑤出票日期；⑥出票人签章。

支票上未记载上述规定事项之一的，支票无效。支票的样式如图 8.3 所示。

No.××××

Cheque for USD1500.00   Washington,20th MAY,2017

Pay to the order of MOON CO. ,the sum of U.S. DOLLARS ONE

THOUSAND FIVE HUNDRED ONLY .

To: Bank of City

　Washington

　　　　　　　　　　　　　　　For:　SEA CO. Washington

　　　　　　　　　　　　　　　　　　(Signature)

图 8.3　支票的样式

(三)支票的分类

1. 按用途分

按用途的不同，支票可分为现金支票和转账支票。

现金支票：只能用于支取现金。

转账支票：只能通过银行或其他金融机构转账。

2. 按支票上有无划线分

按支票上有无划线，支票可分为划线支票和未划线支票。

划线支票：支票的正面有两道平行线，只能委托银行代收票款入账，不能提取现金。

未划线支票：支票的正面无两道平行线，既可以委托银行代收票款入账，也可以提取现金。

3. 按有无收款人姓名记载分

按有无收款人姓名记载，支票可分为记名支票和不记名支票。

记名支票：在收款人栏中记载收款人的名称，取款时须由指定收款人在背面签章。

不记名支票：亦称来人支票或空白抬头支票。不记载收款人的名称，取款时无须收款人签章，仅凭交付转让支票权利。

第二节　收　付　方　式

 情境案例

根据双方签订的合同要求，英国 Miracle 贸易公司于 2018 年 6 月 18 日将保兑的、不可撤销的、可转让可分割的远期 60 天付款信用证开到北京裕丰进出口贸易有限公司。

夏利在履行合同前，需要审核信用证并要确定对方开来的信用证没有问题。同时，后期也需要根据信用证的要求，缮制整套单据，以便能早日到银行办理结算货款事宜。因为夏利是第一次接触信用证，为了避免后期出错而造成不必要的损失，所以他拿着刚收到的信用证去请教红姐。

27: Sequence of total 序列号

1/1 指只有一张电文

40A: Form of documentary credit 跟单信用证形式

IRREVOCABLE 不可撤销的信用证

20: Doc. Credit Number

LC12345678 信用证号码

31C: Date of issue 开证日

180618

31D: Date and place of expiry 信用证有效期

180821

50: Applicant 信用证开证申请人

Miracle Trading Company

89 High Street, London, UK

59: Beneficiary 受益人(你们公司名)

Beijing Yufeng Import & Export Co.,Ltd.

Room 950, No.7-8 Daxing Road, Beijing, China

32B: Currency code amount 信用证项下的金额

USD 48 000.00

41D: Available with 议付适用银行

ANY BANK

BY NEGOTIATION 任何议付行

42C: Draft at 开汇票

60 DAYS AFTER SIGHT

FOR FULL INVOICE value 见票60天付款(发票全额)

42A: Drawee 付款人

HSBG BANK UK , LONDON BRANCH

43P: Partial shipment 是否允许分批装运

ALLOWED 可以

43T: Transshipment

ALLOWED 允许转运

44A: Taking charge 装船港口

XINGANG PORT ,CHINA

44B: For transportation to 目的港

LONDON PORT,UK

44C: Latest date of shipment 最后装船期

180820

45A: Description goods and/or services 货物/服务描述

Men's shirt，Material: Cotton，Color: White

46A: Documents required 须提供的单据文件

1. COMMERCIAL INVOICE IN TRIPLICATE

2. FULL SET OF CLEAN ON BOARD B/L MARKED FREIGHT PREPAID MADE OUT TO ORDER OF SHIPPER AND NOTIFYING APPLICANT

3. PACKING LIST IN 3 COPYS(IES)

4. INSURANCE POLICY OR CERTIFICATE COVERED FOR 110% OF TOTAL INVOICE VALUE AGAINST ALL RISKS AS PER AND SUBJECT TO THE RELEVANT OCEAN ARINE CARGO CLAUSE OF THE PEOPLE'S INSURANCE COMPANY OF CHINA DATED 1/1/1981.

INSURANCE POLICIES OR CERTIFICATES MUST EXPRESSLY STIPULATE THAT CLAIMS ARE PAYABLE IN THE CURRENCY OF THE DRAFT.

5. CERTIFICATE OF ORIGIN IN TWO COPY(IES)

6. BENEFICIARIES'CERTIFICATE CERTIFYING THAT ONE COPY OF ALL NON-NEGO-TIABLE

47A: Additional conditions 附加条件

ALL DOCS MUST INDICATE THIS CREDIT NUMBER AND DATE.

WHEN EFFECTING CLAIM,NEGOTIATING BANK MUST ADVISE THE DESCRIPTION OF COMMODITY ,ORIGIN OF GOODS.

PORT OF SHIPMENT.

DECTINATION AND BILL OF LADING DATE TO DRAWEE BANK.

THE AMOUNT OF EACH DRAFT MUST BE ENDORSED ON THE REVERSE OF THIS ADVICE BY NEGOTIATING BANK.

A DISCREPANBY FEE USD60 IN ADDITION TO CABLE CHARGES USD50.

AND HANDLING CHARGES USE50(OR EQUIVALENT) WILL BE DEDUCTED FROM THE PROCEEDS FOR PAYMENTS/REIMBURSEMENT UNDER.

THIS CREDIT IF DOCUMENTS ARE PRESENTED WITHIN DISCREPANCY(IES)

71B: Charges 开证以外产生的费用

ALL BANKING CHARGES OUTSIDE OF THE ISSUING BANK (EXCEPT FOR THE DISCOUNT INTEREST AND DISCOUNT CHARGES) ARE FOR BENEFICIARY'S ACCOUNT 开证行以外产生的费用由信用证收益人负担(票据贴现利息与折扣除外)

49: Confirmation instruction 保兑指示

WITHOUT 不保兑

78: Instructions to pay/account/negotiation bank 给付款行的指示

PLEASE REIMBBURSE YOURSELF BY PRESENTING THE BENEFICIARY'S DRAFT TO THE ACCEPANCE FINANCING DEPARTMENT OF DRAWEE BANK PAYMENT UNDER THIS CREDIT MUST BE EFFECTED ON THE SIGHT BASIS FOR THE AMOUNT OF BENEFICIARY'S DRAFT.

DISOUNT CHARGES AND ACCEPTANCE COMMISIONS ARE FOR ACCOUNT OF APPLICANT.

ALL DOCUMENTS MUST BE FORWARAED TO HSBS BANK UK,LONDON BRANCH.

亲爱的同学们，请根据自己的初步认知，思考并回答以下问题。

① 结合合同审核信用证，看夏利收到的信用证有问题吗？如果有问题，请改正。

答：_____

_____

_____

② 信用证有什么特点？

答：_____

_____

_____

③ 如果合同与对方开来的信用证内容不一致，夏利应当怎么做？

答：_____

_____

_____

理论认知

目前，国际贸易常用的支付方式有汇付、托收和信用证三种。

一、汇付

(一)汇付的含义和当事人

汇付(Remittance)，又称汇款，是指汇款人通过银行或其他途径将款项支付给收款人的一种较简单的收付方式。

在汇付方式下，卖方能否按时收回约定的货款，完全取决于买方的信用。因此，汇付的性质是商业信用。

汇付涉及以下四个当事人。

汇款人：即付款人，通常为进口方。

汇款银行：即接受汇款人的委托汇出款项的银行，通常为汇款人所在地的银行，并与汇款人有合约关系。

收款人：即收取款项的人，通常为出口方。

收款银行：接受汇出行的委托向收款人解付货款，通常为汇款银行的代理银行，位于收款人所在地。

(二)汇付的种类

根据汇款银行向收款银行发出委托的方式不同，汇付分为以下三种形式。

1. 信汇

信汇(M/T)，是指汇出行应汇款人的申请，用航空信函的方式，将信汇委托书(M/T Advice)或支付委托书(Payment Order)寄给汇入行，授权解付一定金额给收款人的一种汇款方式。

信汇的特点：资金转移速度慢，费用低廉。

2. 电汇

电汇(T/T)，是指汇出行应汇款人的申请，用电传、电报或 SWIFT 电文等电信方式，以电汇付款委托书委托汇入行解付汇款给收款人的一种汇款方式。

电汇的特点：资金转移速度快，收款人可以迅速收到款项，但费用高。

在国际贸易货款收付中，电汇是汇付方式中使用率最高的。

电汇业务流程如图 8.4 所示。

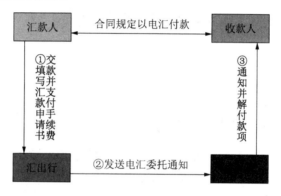

图 8.4　电汇业务流程图

3. 票汇

票汇(D/D)，是指汇出行应汇款人的申请，代汇款人开立以其分行或代理行为解付行的银行即期汇票，支付一定金额给收款人的一种汇款方式。

票汇以银行即期汇票为收付工具，所用汇票一般只开单份。

票汇的特点：资金转移速度慢，安全性较差，费用低廉。

汇票业务流程如图 8.5 所示。

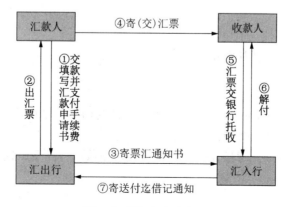

图 8.5　票汇业务流程图

(三)汇付在国际贸易中的应用

汇付是商业信用，风险大，资金负担不平衡，但是手续简便，费用少，所以这种方式在国际贸易货款收付中一般用于预付货款或货到付款。

1. 预付货款

预付货款，是指进口商在出口商将货物或货运单据交付以前，先将货款的全部或部分通过银行付给出口商，在出口商收到货款后，再根据约定发运货物的一种汇款结算方式。这种方式对进口商来说不但要过早地垫付资金，不利于资金周转，而且要承担出口商延迟交货或不交货的风险。

2. 货到付款

货到付款，是指出口商先发出货物、进口商后付款的结算方式。此方式实际属于赊账交易，或延期付款结算。

二、托收

(一)托收的含义和当事人

托收(Collection)，是指出口商开具以进口商为付款人的汇票，委托出口地银行通过其在进口商所在地的分行或代理行向进口商收取货款的一种结算方式。

托收涉及以下四个当事人。

委托人：是指开出汇票(或不开汇票)委托银行向国外付款人收款的出票人。在国际贸易中，委托人通常为出口商。

托收行：是指接受委托人的委托，转托国外银行向国外付款人代为收款的银行，托收行通常为出口地银行。

代收行：是指接受托收行的委托向付款人收款的银行，代收行通常为进口地银行。

付款人：是指汇票中的受票人，也就是代收行向其提示单据和汇票，并要求其付款的人。在国际贸易中，付款人通常为进口商。

(二)托收的种类

根据托收单据的不同，托收可分为以下两种形式。

1. 光票托收

光票托收(Clean Collection)，是指出口商仅凭汇票而不附带货运单据，委托出口地银行代其向进口商收款的一种结算方式。

光票托收在国际贸易结算中用得不多，主要用来收取样品费、佣金和货款尾款等。

2. 跟单托收

跟单托收(Documents Collection)，是指出口商开立汇票，连同代表货物所有权的全套货运单据一起交给出口地银行，委托其通过进口地银行向进口商收取货款的一种结算方式。

跟单托收在国际贸易结算中比较常见。

根据交单条件的不同，跟单托收分为付款交单和承兑交单两种。

1) 付款交单

付款交单(D/P)，是指代收行必须在进口商付清货款后，才可将商业(货运)单据交给进口商的一种结算方式。

根据付款时间的不同，付款交单分为即期付款交单和远期付款交单。

即期付款交单(D/P at sight)，是指出口商开具即期汇票，由代收行向进口商提示，进口商见票后即须付款，货款付清后，进口商取得货运单据。

即期付款交单业务流程如图8.6所示。

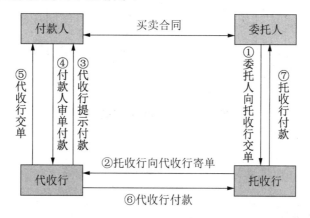

图 8.6 即期付款交单业务流程图

远期付款交单(D/P after sight)，是指出口商开具远期汇票，由代收行向进口商提示，经进口商承兑后，于汇票到期日或汇票到期日以前，进口商付款赎单。

远期付款交单业务流程如图8.7所示。

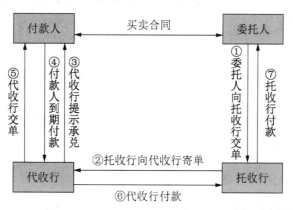

图 8.7 远期付款交单业务流程图

2) 承兑交单

承兑交单(D/A)，是指出口商在装运货物后开具远期汇票，连同货运单据，通过银行向进口商提示，进口商承兑汇票后，代收行即将货运单据交给进口商，在汇票到期时，进口商才履行其付款义务。

承兑交单在国际贸易货款结算中很少使用，因为出口商能否收回货款主要取决于进口商的信誉。

承兑交单业务流程如图8.8所示。

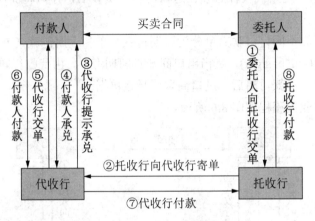

图 8.8　承兑交单业务流程图

◎想一想

托收方式有什么商业风险？

(三)托收注意事项

从出口商角度看，采用托收方式需要注意：①事先应当调查和考虑进口商的资信状况和经营能力；②需要了解进口商所在国家的贸易法令、贸易管制和外汇管制等规定，对贸易管制和外汇管制较为严格的国家或地区，在进行国际贸易货款结算时不宜采用托收方式；③需要了解进口国家的商业习惯，以免由于当地习惯做法影响安全收汇；④出口合同应争取采用 CIF/CIP 贸易术语成交，购买保险时可加保出口信用险；⑤选择托收方式结算时，海运提单的抬头尽可能采用空白抬头，同时尽量避免采用承兑交单方式结算；⑥尽可能事先找好收货代理人，如发生拒付时，出口商可指定目的港的代理人办理存仓、保险、转售、退运等事宜。

三、信用证

(一)信用证的含义和当事人

信用证(L/C)，是指银行根据进口商(买方)的请求，开给出口商(卖方)的一种保证承担支付货款责任的书面凭证。在信用证内，银行授权出口商在符合信用证所规定的条件下，以该行或其指定的银行为付款人，开具不得超过规定金额的汇票，并按规定随附装运单据，按期在指定地点收取货款。

信用证涉及以下八个当事人。

开证申请人：向银行申请开立信用证的人，通常是进口商。

开证行：接受开证申请人的委托或根据自身的需要开立信用证的银行，通常是进口商所在地银行。

通知行：受开证行的委托，将信用证转交给出口商的银行，通常是出口商所在地银行。一般是开证行在出口商所在地的代理行。

受益人：信用证上指定的有权使用该证的人，通常是出口商。

议付行：根据开证行的授权买入或贴现受益人开立和提交的符合信用证规定的汇票或单据的银行。

付款行：对符合信用证规定的汇票或单据向受益人付款的银行。

偿付行：信用证上指定的，且在议付行或付款行等索偿行和开证行之间没有开立存款账户时，被开证行指定向偿付行付款的第三家银行。一般是开证行指定的账户行，多为开证行的分行或存款行。偿付行不收单和审单。

保兑行：应开证行的请求在信用证上加具保兑的银行，保兑行具有和开证行相同的责任和地位，对受益人独立负责。保兑行对相符交单有必须议付或承付的责任。保兑行通常由通知行兼任，也可由其他银行加具保兑。保兑费用一般由受益人自行承担。

(二)信用证的分类

1. 按随附单据分

信用证按是否随附单据分为跟单信用证和光票信用证。

跟单信用证：凭跟单汇票或仅凭单据付款的信用证。这里的单据指代表货物所有权的单据(如海运提单等)，或证明货物已交运的单据(如铁路运单、航空运单、邮包收据)。在国际贸易货款结算中，跟单信用证用得比较多。

光票信用证：凭不随附货运单据的光票付款的信用证。银行凭光票信用证付款，也可要求受益人附交一些非货运单据，如发票、垫款清单等。在国际贸易货款结算中，光票信用证用得不多，主要是用于预付货款等。

2. 按信用证付款时间分

信用证按付款时间不同分为即期信用证、远期信用证。

即期信用证：开证行或付款行收到符合信用证条款规定的跟单汇票和装运单据后，立即付款。

远期信用证：开证行或付款行在收到符合信用证条款规定的汇票和单据后，不立即付款，而是办理承兑手续，待远期汇票到期后再付款。

3. 按信用证有无第三方保兑分

信用证按有无第三方保兑分为保兑信用证和不保兑信用证。

保兑信用证：除有开证行确定的付款保证外，还有另一家银行确定的付款保证的信用证。

不保兑信用证：未经另一家银行加具保兑的信用证。

4. 按信用证开证行所负责任分

信用证按开证行所负责任分为可撤销信用证和不可撤销信用证。

可撤销信用证：开证后，开证行无须事先征得受益人同意就有权随时修改或撤销已开出的信用证。

不可撤销信用证：在信用证有效期内，非经信用证各有关当事人同意，开证行不能片面修改或撤销的信用证。在国际贸易货款结算中，大都使用不可撤销信用证。

(三)信用证业务流程

信用证的业务流程如图 8.9 所示。

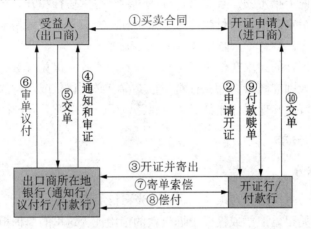

图 8.9　信用证业务流程图

(四)信用证的特点

1. 信用证是一种银行信用

开证行负有第一付款责任。根据《UCP 600》的规定，在信用证业务中，开证行对受益人的付款责任是首要的、独立的。即使开证人事后丧失偿付能力，只要出口人提交的单据符合信用证条款，开证行也必须承担付款责任。

2. 信用证是一种独立文件

信用证是依据买卖合同开立的，但一经开立，就成为独立于买卖合同之外的另一种契约。信用证业务中的各有关当事人的权利和义务完全以信用证条款为依据，不受买卖合同的约束。

3. 信用证是一种单据买卖

银行处理信用证业务只凭单，不问货物的真实情况如何。银行以受益人提交的单据是否与信用证条款相符为依据，决定是否付款。如开证行拒付，也必须以单据上的不符点为由。这种"相符"必须是"严格相符"，不仅要单证一致，而且要求单单一致。

知识链接

信用证欺诈例外

信用证是银行有条件的付款承诺，在单证一致时银行应履行付款义务，银行只处理单据，不处理货物。信用证独立于所依据的基础合同。这些原则可能为受益人欺诈申请人或银行提供了便利条件。在信用证支付方式下，严格执行信用证独立于买卖合同的原则有着重要意义。但在国际贸易中卖方以单据欺诈手段骗取货款的案件不断发生，如果固守这一原则，势必纵容这些诈骗分子，因为货款一旦被骗取，买方就处于极为不利的地位，追回货款的希望很小。有鉴于此，为了打击国际贸易中出现的欺诈行为，不少国家的法律、判例对欺诈行为提出了相应的处理原则，即在承认信用证独立于买卖合同原则的同时，也应当承认例外情况。如果在银行对卖方提交的单据付款或承兑以前，发现或获得确凿证据，证明卖方确有欺诈行为，买方可请求法院向银行颁发禁止令，禁止银行付款。信用证欺诈例外原则首先是在美国法院的判例中提出来的。美国的《统一商法典》也有对信用证欺诈及补救办法的成文法规定。此外，英国、加拿大、新加坡、法国等国的法院判例也表明承认信用证欺诈例外原则。

想一想

某出口公司对美成交女士上衣 1 000 件，合同规定绿色和红色上衣按 3∶7 搭配，即绿色 300 件，红色 700 件。后美国来证上改为红色 30%，绿色 70%，但该出口公司仍按原合同规定的花色比例装船出口，后信用证遭银行拒付。

请问：银行为什么拒付？收到来证后，某公司应如何处理？

(五)信用证的内容

各国银行所开立的信用证内容，因信用证种类的不同而有所区别，但主要内容基本一致，一般包括：①对信用证本身的说明，如信用证的种类、编号、金额、有效期、到期地点、开证申请人、受益人等；②对货物的记载，如货物的名称、规格、牌号、数量、包装、单价、唛头等；③装运条件，包括运输方式、装运港(地)、目的港(地)、装运日期、是否分批装运或装船等；④对单据的要求，规定应付哪些单据及对有关单据的具体要求和应出具的份数；⑤特殊条款，一般书写在背面，规定交单日期或要求某一特殊单据；⑥责任文句，开证行对受益人即汇票持有人保证付款的责任文句。

知识链接

SWIFT

SWIFT(Society for Worldwide Interbank Financial Telecommunications——环球同业银行金融电信协会)，是一个国际银行间非营利性的国际合作组织，成立于 1973 年，总部设在比利时的布鲁塞尔，同时在荷兰阿姆斯特丹和美国纽约分别设立交换中心(Swifting Center)。

目前，全球大多数国家的大多数银行已使用 SWIFT 系统。SWIFT 的使用，给银行的结算提供了安全、可靠、快捷、标准化、自动化的通信业务，从而大大提高了银行的结算速度。由于 SWIFT 的格式具有标准化，目前信用证的格式主要都是用 SWIFT 电文。

(六)信用证的作用

1. 信用证对出口商的作用

信用证对出口商的作用：①保证出口商凭与信用证规定相符的单据取得货款；②出口商可以按时收汇；③出口商可凭信用证通过打包贷款或押汇取得资金融通。

2. 信用证对进口商的作用

信用证对进口商的作用：①可保证进口商取得代表货物的单据；②保证进口商可以按时、按质、按量收到货物；③进口商可凭自己的资信及开证行对自己的信任，少交或免交部分押金，从而取得资金融通。

3. 信用证对银行的作用

信用证对银行的作用：①可利用进口商在申请开证时交的押金或担保品为银行利用资金提供便利；②在信用证业务中，银行每做一项服务均可取得各种收益，如开证费、通知费、议付费、保兑费、修改费等各种费用。

(七)受益人提交单据的原则

受益人提交单据的原则：①向信用证指定银行交单；②保兑信用证项下，相符单据向保兑行提交，不符单据向开证行交单；③在信用证到期日及/或交单期前向指定银行提交；④如信用证到期日及/或交单期最后一天为节假日，到期日顺延至下一个工作日；⑤单据必须在指定银行的营业时间内提交。

◎ **想一想**

有一国外开来的信用证,规定议付有效期为 5 月 31 日，装运期为 4—5 月份。该信用证的受益人于 5 月 4 日将全部货物装船，并取得了 5 月 4 日签发的"已装船清洁提单"。当受益人于 5 月 30 日凭各项单据向银行议付时，银行以单据日期不符为由，拒绝受单付款。

请问：银行是否有权拒绝付款？为什么？

◎ **想一想**

从欧洲开来一张信用证,规定在出口地——中国交单日期为 2018 年 2 月 16 日，而这一天恰逢中国的传统节日——春节，按规定，银行有 3 天法定节假日。

请问：这张信用证的交单日期可以顺延吗？为什么？

第三节　确定结算条款

情境案例

夏利在整理他和英国 Miracle 贸易公司的 Jane Anderson 的往来函件时发现这笔贸易的结算采用了两种不同的方式：T/T 和 L/C。英国 Miracle 贸易公司在支付样品时选择的是 T/T 方式，而在支付货款时选择的是 L/C 方式。而夏利在学习、整理公司其他的贸易磋商邮件和合同时，发现有的合同的货款结算采用信用证和托收相结合的方式，有的采用汇付和托收相结合的方式，甚至还有的采用汇付、托收和信用证相结合的方式。

那么在拟订货款结算条款时，应该如何选择这些结算方式呢？在选择时应该考虑什么问题呢？夏利作为新人，并不是很清楚，所以又去请教红姐了。

情境问答

亲爱的同学们，请根据自己的初步认知，思考并回答以下问题。

① 请问 T/T 结汇有什么优点？英国 Miracle 贸易公司在支付样品费用时为什么选择这个方式结汇？

答：_____

_____

② 请问 L/C 结汇有什么优点？英国 Miracle 贸易公司在结算货款时为什么选择这个方式结汇？

答：_____

_____

_____

理论认知

支付条款是国际贸易合同的一个主要内容。不同的支付方式对于贸易双方而言，在贸易结算中的风险以及经营中的资金负担都是不相同的。因为不同的结算方式各有其不同的优缺点，所以选择正确的支付方式能使进出口双方在货款收付方面的风险得到控制，并在资金周转方面得到某种通融，从而促进交易目的的实现。因而在合同条款中如何选用结算方式，确定结算条款，是双方应当从双赢的角度，本着共同利益点、风险分摊的原则，综合考虑的问题。

一、选择结算方式考虑的因素

(一)客户信用等级

在国际贸易中，合同能否顺利履行，出口商能否收回货款，主要取决于进口商的信用，所以出口商事先要做好对进口商资信状况的调研，然后根据调研结果，选择合适的结算方式。如果进口商的信用等级不高，或贸易双方初次合作，则可以采用信用证的付款方式；如果进口商的信用等级很高或双方已经形成了长期贸易合作伙伴关系，则可以采用托收方式，这样对进口商而言，可以起到节省开证费的目的，更有利于贸易磋商的达成。

(二)货物供求状况

货物供求状况的不同也会影响到结算方式的选择。如果货物是畅销品，出口商可适当地抬价并选择对自己货款结算最有利的方式，如要求用信用证结算或要求进口商预付货款。如果货物是滞销品或是竞争激烈的商品，出口商不仅需要适当地降低价格，以促进销售，甚至还需要在结算方式上做出更为有利于进口商的让步，如承兑交单或是货到付款。

(三)选用的贸易术语和合同金额大小

选用不同的贸易术语对于买卖双方的责任规定以及风险分担有所不同，因此也应根据贸易术语的不同来选择合适的支付方式。对于象征性交货组中的 CFR、CIF、CPT 和 CIP，可以选用托收和信用证的方式；而对于 EXW 和实际交货的 D 组术语，一般则不会采取托收的形式进行结算；对于 FOB 和 FCA 术语，由于运输的事宜是由进口商安排的，出口商很难控制货物，所以在一般情况下也不会选择托收的方式。另外，如果合同金额不大，则可以考虑选择速度较快、费用低廉的 T/T 方式或光票托收方式。

二、选用支付方式的建议

从国际贸易实践情况来看，单纯某一种结算方式是不能满足交易各方的要求的。面对不断变化的市场，有必要采用综合支付方式进行结算。

(一)汇付和托收相结合

汇付和托收相结合，是指进口商先用汇付方式支付一定金额作为货款的定金或押金，余款等出口商出口货物后再以付款交单的方式支付。这种结合方式既能保证出口商及时履行发货的义务，又能约束进口商及时付款，同时节省了更多银行费用的支出，也节约了贸易时间。

采用这种方式，只要进口商未付清货款，货物的所有权仍处于出口商的控制之下。

(二)汇付和信用证相结合

汇付和信用证相结合，是指部分货款采用信用证方式结算，余款或定金采用汇付方式结算。

部分货款采用信用证结算，余款采用汇付结算的结算方式主要是用于散装货物的结算。一般进出口商同意采用信用证支付货款总金额的90%，余下的10%在货物到达验收后，确定货物实际交付总数后，用汇付方式支付。

部分货款采用信用证结算，定金采用汇付结算的结算方式主要用于有支付定金环节的交易。双方成交时，进口商采用汇付方式支付定金，余款采用信用证方式支付。

(三)托收和信用证相结合

不可撤销信用证与跟单托收相结合的支付方式，是指部分货款采用信用证支付，部分余款采用跟单托收方式结算。

一般的做法，在信用证中规定出口商须签发两张汇票：一张汇票是依信用证项下部分货款凭光票付款；另一张汇票须附全部规定的单据，按即期或远期托收。但在信用证中应列明以下条款，以示明确，如货款的50%应开具不可撤销信用证，余下的50%见票付款交单，全套货运单据应附在托收部分项下。于到期时全数付清发票金额后方可交单。

采用不可撤销信用证与跟单托收相结合的支付方式，其优点：①从进口商角度来看，可减少开证保证金，用少数的资金可作大于投资数倍的贸易额，有利于资金的周转，而且可节约开证费用；②从出口商角度来看，货款采用部分使用信用证部分托收相结合的方式结算，虽然托收部分须承担一定的风险，但以信用证做保证，这是一种保全的办法。除此之外，还有保全措施，即全部货运单据须附在托收汇票项下，开证银行或付款银行收到单据与汇票时，由银行把住关口，须由进口商全部付清货款后才可把提单交给进口商，以保证安全收汇，可防止进口商于信用证项下部分货款付款后，取走提单。在买卖契约中，开证申请书中及信用证中必须载明：进口商必须付清发票全部金额，才能取得单据。若不付清发票全部金额，则装运单据须由银行控制，并凭出口商旨意予以办理。出口商采用这种方式结算货款，在贸易磋商时，可以更有利地促进贸易的达成，同时也能保证自己收汇的安全性。

综上，在实务中，除采用上述支付方式外，还有一些其他的方式可以运用，如采用部分现汇、部分托收，或部分金额采用信用证作为支付方式等。

◉ 想一想

比较汇付、托收和信用证，填写表8.1。

表8.1　汇付、托收和信用证的比较

结算方式		手续	银行费用	资金负担	买方风险	卖方风险
汇付	预付货款					
	货到付款					
托收	付款交单					
	承兑交单					
信用证						

实训项目

1. 根据小组贸易背景选择适当的收付工具。
2. 根据小组贸易背景选择适当的收付方式。
3. 根据小组贸易背景选择适当的商业单据，并制作单据。
4. 根据小组选定的收付工具和收付方式及单据拟订合同中的收付条款。

练 习 题

一、名词解释

汇票　支票　本票　汇付　信用证　托收　背书　承兑交单

二、填空题

1. 国际贸易结算活动中常用的票据有_____、_____和_____，其中以_____的使用率最高。

2. 支票是指以_____为付款人的_____。

3. 汇付是_____，风险大，资金负担不平衡，但是_____，所以这种方式在国际贸易货款收付中一般用于_____或_____。

4. 信用证(L/C)是指银行根据_____的请求，开给_____的一种保证承担支付货款责任的_____。

5. 托收方式分为两种，分别为_____和_____。

三、单项选择题

1. 属于顺汇方法的支付方式是(　　)。

    A. 汇付　　　　　　B. 托收　　　　　　C. 信用证　　　　　D. 银行保函

2. 使用 D/P、D/A 和 L/C 三种结算方式，对于卖方而言，风险由大到小依次是(　　)。

    A. D/A、D/P 和 L/C　　　　　　B. L/C、D/P 和 D/A

    C. D/P、D/A 和 L/C　　　　　　D. D/A、L/C 和 D/P

3. 属于银行信用的国际贸易支付方式是(　　)。

    A. 汇付　　　　　　B. 托收　　　　　　C. 信用证　　　　　D. 票汇

4. 某支票签发人在银行的存款总额低于他所签发的支票票面金额，他签发的这种支票称为(　　)。

    A. 现金支票　　　　B. 转收支票　　　　C. 旅行支票　　　　D. 空头支票

5. 一张有效的信用证，必须规定一个(　　)。

    A. 装运期　　　　　B. 有效期　　　　　C. 交单期　　　　　D. 议付期

6. 按照《跟单信用证统一惯例》的规定，受益人最后向银行交单议付的期限是不迟于提单签发日的(　　)天。

A. 11　　　　　　　B. 15　　　　　　　C. 21　　　　　　　D. 25

7. 保兑行对保兑信用证承担的付款责任是(　　)。

A. 第一性的　　　B. 第二性的　　　C. 第三性的　　　D. 第四性的

8. 信用证的第一付款人是(　　)。

A. 进口商　　　　B. 开证行　　　　C. 出口商　　　　D. 通知行

9. 出票人是银行，受票人也是银行的汇票是(　　)。

A. 商业汇票　　　B. 银行汇票　　　C. 光票　　　　　D. 跟单汇票

10. 持票人将汇票提交付款人要求承兑的行为是(　　)。

A. 转让　　　　　B. 出票　　　　　C. 见票　　　　　D. 提示

11. 支票是以银行为付款人的(　　)。

A. 即期汇票　　　B. 远期汇票　　　C. 即期本票　　　D. 远期本票

12. T/T 指的是(　　)。

A. 信汇　　　　　B. 电汇　　　　　C. 票汇　　　　　D. 信用证

13. D/P at sight 指的是(　　)。

A. 远期付款交单　　　　　　　　　B. 即期付款交单

C. 跟单托收　　　　　　　　　　　D. 承兑交单

14. 下列几种结算方式中，对卖方而言风险最大的是(　　)。

A. 票汇　　　　　　　　　　　　　B. 承兑交单

C. 即期付款交单　　　　　　　　　D. 远期付款交单

15. 在其他条件相同的前提下，(　　)的远期汇票对受益人最为有利。

A. 出票后若干天付款　　　　　　　B. 提单签发日后若干天付款

C. 见票后若干天后付款　　　　　　D. 货到目的港后若干天

四、多项选择题

1. 按照有无随附单据，汇票可分为(　　)。

A. 即期汇票　　　B. 远期汇票　　　C. 光票　　　　　D. 跟单汇票

2. 汇付的方式可以分为(　　)。

A. 汇款　　　　　B. 信汇　　　　　C. 电汇　　　　　D. 票汇

3. 在国际贸易货款的收付中，使用的票据主要有(　　)。

A. 汇票　　　　　B. 本票　　　　　C. 支票　　　　　D. 发票

4. 汇付业务中所涉及的当事人主要有(　　)。

A. 汇款人　　　　B. 汇出行　　　　C. 汇入行　　　　D. 收款人

5. 在跟单托收业务中，根据交单条件的不同可以分为(　　)。

A. 提示交单　　　B. 见票交单　　　C. 付款交单　　　D. 承兑交单

6. 常见的银行保函按照其用途不同，可分为(　　)。

A. 履约保证书　　　B. 还款保证书　　　C. 投标保证书　　　D. 付款保证书

7. 在保兑信用证业务中，负第一性付款责任的是(　　)。

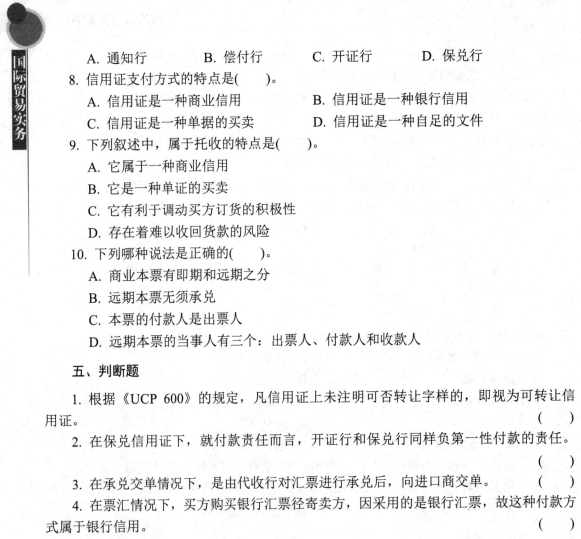

A. 通知行　　　　　B. 偿付行　　　　C. 开证行　　　　D. 保兑行

8. 信用证支付方式的特点是(　　)。

　　A. 信用证是一种商业信用　　　　B. 信用证是一种银行信用

　　C. 信用证是一种单据的买卖　　　　D. 信用证是一种自足的文件

9. 下列叙述中，属于托收的特点是(　　)。

　　A. 它属于一种商业信用

　　B. 它是一种单证的买卖

　　C. 它有利于调动买方订货的积极性

　　D. 存在着难以收回货款的风险

10. 下列哪种说法是正确的(　　)。

　　A. 商业本票有即期和远期之分

　　B. 远期本票无须承兑

　　C. 本票的付款人是出票人

　　D. 远期本票的当事人有三个：出票人、付款人和收款人

五、判断题

1. 根据《UCP 600》的规定，凡信用证上未注明可否转让字样的，即视为可转让信用证。　　　　　　　　　　　　　　　　　　　　　　　　　　　　　　(　　)

2. 在保兑信用证下，就付款责任而言，开证行和保兑行同样负第一性付款的责任。
　　　　　　　　　　　　　　　　　　　　　　　　　　　　　　　　　　　(　　)

3. 在承兑交单情况下，是由代收行对汇票进行承兑后，向进口商交单。　　(　　)

4. 在票汇情况下，买方购买银行汇票径寄卖方，因采用的是银行汇票，故这种付款方式属于银行信用。　　　　　　　　　　　　　　　　　　　　　　　　　　(　　)

5. 可撤销信用证在任何时候均可以撤销。　　　　　　　　　　　　　　　(　　)

6. 对于卖方而言，D/A60 天要比 D/P60 天风险大。　　　　　　　　　　　(　　)

7. 信用证是一种银行开立的无条件的付款承诺的书面文件。　　　　　　　(　　)

8. 某信用证规定适用《UCP 600》统一惯例，信用证中对转船及分批装运都未作明确规定，因此我们不能分批装运。　　　　　　　　　　　　　　　　　　　　　(　　)

9. 汇票经背书后，是汇票的收款权利转让给背书人，背书人若日后遭到拒付，可以向前手行使追索权。　　　　　　　　　　　　　　　　　　　　　　　　　　(　　)

10. 若错过了信用证有效期到银行议付，只要征得开证人的同意，即可要求银行付款。
　　　　　　　　　　　　　　　　　　　　　　　　　　　　　　　　　　　(　　)

六、案例分析题

1. 我某丝绸进出口公司向中东某国出口丝绸制品一批，合同规定：出口数量为 2 100 箱，价格为 2 500 美元/箱 CIF 中东某港，5—7 月份分三批装运，即期不可撤销信用证付款，买方应在装运月份开始前 30 天将信用证开抵卖方，其中汇票条款载有"汇票付款人为开证行/开证申请人"字样。我方在收到信用证后未留意该条款，即组织生产并装运，待制作好

结汇单据到付款银行结汇时，付款银行以开证申请人不同意付款为由拒绝付款。

请问：(1) 付款银行的做法有无道理？为什么？

(2) 我方的失误在哪里？

2. 我某公司向国外 A 商出口货物一批。A 商按时开来不可撤销即期议付信用证，该证由设在我国境内的外资 B 银行通知并加保兑。我公司在货物装运后，将全套合格单据送交 B 银行议付，收妥货款。但 B 银行向开证行索偿时，得知开证行因经营不善已宣布破产。于是，B 银行要求我公司将议付的货款退还，并建议我方可委托其向 A 商直接索取货款。对此你认为我方应如何处理？为什么？

3. 我某贸易有限公司向国外某客商出口货物一批，合同规定的装运期为 6 月份，D/P 支付方式付款。合同订立后，我方及时装运出口，并收集好一整套结汇单据及开出以买方为付款人的 60 天远期汇票委托银行托收货款。单据寄抵收行后，付款人办理承兑手续时，货物已到达了目的港，且行情看好，但付款期限未到。为及时提货销售取得资金周转，买方经代收行同意，向代收行出具信托收据借取货运单据提前提货。不巧，在销售的过程中，因保管不善导致货物被火焚毁，付款人又遇到其他债务关系倒闭，无力付款。

请问：在这种情况下，责任应由谁承担？为什么？

4. 我国 A 公司向加拿大 B 公司以 CIF 术语出口一批货物，合同规定 4 月份装运，B 公司于 4 月 10 日开来不可撤销信用证。此证按《UCP 600》的规定办理。证内规定：装运期不得晚于 4 月 15 日。此时我方已来不及办理租船订舱，立即要求 B 公司将装期延至 5 月 15 日。随后 B 公司来电称：同意展延船期，有效期也顺延一个月。我 A 公司于 5 月 10 日装船，提单签发日 5 月 10 日，并于 5 月 14 日将全套符合信用证规定的单据交银行办议付。

请问：我国 A 公司能否顺利结汇？为什么？

七、实操题

根据以下资料，试着草拟合同中的价格条款。

(1) 买方应于 2018 年 11 月 25 日前将全部合同金额采用电汇方式预付给卖方。

(2) 买方应凭卖方开立的即期跟单汇票于见票时立即付款，付款后银行交单。

(3) 买方应通过为卖方所接受的银行，在装运前 30 天开立并送达卖方不可撤销见票后 30 天付款的远期信用证，议付有效期至装运后 15 天，在广州议付。

第九章　争议预防和处理

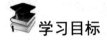

学习目标

- 了解国际贸易中违约和争议的概念。
- 掌握贸易中索赔的方法。
- 掌握不可抗力的构成因素及其处理方式。
- 掌握贸易中仲裁的效力以及合同规则。

第一节　索赔条款

情境案例

　　北京裕丰进出口贸易有限公司与英国 Miracle 贸易公司签订的男士衬衫贸易合同中使用了 CIF 贸易术语，以 L/C 作为货款结算方式，并规定不能转运及分批装运。

　　夏利负责跟进此合同的出口流程，到了办理运输这一环节，夏利按信用证规定在装运日期内把包装好的男士衬衫装至船舱内，并取得直运提单。承运船驶离装运港途经上海港时，船公司为多接载其他货物，竟擅自将我方货物卸下，转装至其他船只驶向目的港。与此同时，夏利带着直运提单及其他相关单据去银行议付，顺利拿到国外开证行的付款。

　　一个多月后，夏利所在公司却收到了买方公司的索赔要求，原因有两点：一是买方觉得夏利公司弄虚作假，提交的是直运提单，实际却是转船运输；二是收到货物时，部分衬衫因潮湿已有霉点，经核实是由于雨水所致，买方公司觉得夏利公司故意没有按合同要求租船订舱，而是让船方把货物放置在甲板上，致使货物受损。夏利不知如何处理，于是向红姐请教。

情境问答

亲爱的同学们，请根据自己的初步认知，思考并回答以下问题。

① 夏利在办理运输时出现了失误吗？为什么？

答：_____

_____

② 夏利所在公司是否应该赔偿买方？为什么？

答：_____

③ 夏利应该如何处理这件事情？

答：_____

 理论认知

一、违约责任

《中华人民共和国合同法》规定，当事人一方不履行合同或者履行合同义务时不符合约定条件(违反合同)，另一方有权要求赔偿损失或者采取其他合理的补救措施。采取其他补救措施后，尚不能完全弥补另一方受到的损失的，另一方仍然有权继续要求赔偿损失。如当事人双方都违反合同的，则应当各自承担相应的责任。国际贸易中的违约(Breach Of Contract)，即指买卖双方中出现违反合同的行为。

违约通常是索赔产生的原因。违约根据其性质可分为三种：买方违约、卖方违约、买卖双方均负有违约责任。

◉ 想一想

(1) 买方违约有哪些情况？可以分别按以下四个方面来阐述：①在使用 FOB 贸易术语时；②在信用证条件下；③在托收支付条件下；④在收货方面。

(2) 卖方违约有哪些情况？可以分别按以下四个方面来阐述：①在使用 CIF 贸易术语时；②货物本身方面；③交货环节上；④单据方面。

(3) 买卖双方都违约有哪些情况？

(4) 如果是属于船公司的责任，则有哪些违约现象？

《联合国国际货物销售合同公约》规定，根据违约方所产生违约行为的后果的严重程度，将违约分为根本性违约和非根本性违约。根本性违约(Fundamental Breach)，是指违约方的故意行为所造成的违约，如卖方完全不交货，买方无理拒收货物、拒付货款等，其结果会给受损方造成实质性的严重损害。非根本性违约(Nonfundamental Breach)，是指违约的状况尚未达到根本违反合同的程度，给受损方造成的损害较小。根本性违约的处理方式是可以解除合同，要求违约方赔偿损失；非根本性违约的处理方式则是受损方不可解除合同，只能要求赔偿损害。

◉ 知识链接

英国《1893年货物买卖法》把违约分成违反要件(Breach of Condition)和违反担保(Breach of Warranty)。当事人违反了合同的主要条款，受损方有权解除合同，这称之为违反要件。

若当事人违反的是合同的次要条款，受损方有权提出补偿，但不能解除合同，此种情形称之为违反担保。英国法规没有明文规定要件和担保的具体区分，当产生纠纷时，审判方根据双方当事人的意思来判定。

美国法律根据违约的后果把违约分为轻微违约(Minor Breach)和重大违约(Material Breach)。轻微违约，违约方给受损方带来的后果情节较轻，受损方可以提出索赔，无权解除合同。重大违约，违约方给受损方带来的后果情节较严重，损害了主要利益，受损方可以要求解除合同，并提出索赔。

◎ 想一想

信用证上规定"分批装运"，出口商装船时选择在不同港口、不同日期把货物装上同一船只运往目的港。

请问：(1) 出口商的做法是否符合信用证的规定？为什么？

(2) 进口商是否有权解除合同？为什么？

二、索赔

(一)索赔与理赔

当买卖双方出现违约纠纷时，可以采取索赔或理赔的形式解决纠纷问题。索赔与理赔是同一个事物的两个方面。索赔(Claim)，是指合同的当事人之间发生争议时遭受损失的一方，根据合同或法律规定向对方提出的赔偿要求。理赔(Settlement of Claims)，是指违约方向受害方提出要求做出赔偿。

(二)索赔期限

索赔期限指的是索赔有效期，即指索赔方向违约方提赔的有效时限。一旦逾期，就会面临违约方拒赔的风险，导致受损方产生巨大的损失。

一般而言，关于索赔期限的规定必须根据不同种类的商品做出合理安排。在国际贸易中，对于一般货物的索赔期限通常为货到目的地后 30 天或 45 天；易腐易变质的货物，如鲜花、食品等，应把索赔的有效期相对应地规定得短些；机电产品的索赔期限则需要规定长些。

索赔期限通常会规定起算时间，具体如下。

(1) 货物运抵目的港起××天起算。

(2) 货物工厂交货后××天起算。

(3) 货物运抵最终目的地仓库后××天起算。

◎ 想一想

甲公司向外商进口一批机械设备，合同规定索赔期限为货物运抵目的港 60 天内。由于甲公司的厂房一直没修建完善，导致机械设备迟了半年试运行。试运行后，甲公司发现某些机械设备不能正常使用，经商检机构查验，这些机器为返修机。甲公司立即向外商提出索赔，外商拒赔。

请问: (1) 外商是否有权拒赔? 为什么?

(2) 甲公司应吸取什么样的经验教训?

(三)索赔依据

索赔依据，是指索赔时必须具备的证据和出证机构。需要注意的是，证据必须齐全、清晰，同时出证机构要符合要求，以免被对方拒赔。

(四)索赔方法

在索赔时，根据实际情况，可有多种赔偿方式。罚金条款是其中的一种形式，常用于处理贸易中延误时间的纠纷。罚金，又称违约金，指的是违约方为补偿受损方的损失，根据合同约定而支付的金额。罚金金额的大小视延误时间的长短而定。

 想一想

我方作为出口商售货给美国的甲商，甲商又将货物转售给澳大利亚的乙商，货到美国后甲商并没有对货品进行复检，即将原货运往澳大利亚。乙商收到货物后，除发现货物质量问题外，还发现有 100 包货物包装破损，货物短少严重，因而向甲商索赔，甲商又向我方提出索赔。

请问: 我方是否应当承担赔偿责任? 为什么?

第二节 不可抗力条款

 情境案例

夏利跟进一单自己新签的外贸合同，此单是以 CFR 伦敦条款与英国 DD 公司订立了 1 000 套工作服的出口合同，合同规定 2018 年 11 月 30 日交货。生产完毕后，货物运往港口装运的途中遭受意外事件，运货的车因雷击发生自燃，人没事，但是货全部被烧毁。夏利非常焦虑，如果重新生产，根本无法在合同交货期之内把货交付给外商。红姐安慰夏利，跟他解释说，这属于不可抗力事件，我方无须承担责任。无奈之下，夏利把此事电告 DD 公司的业务员。英国 DD 公司当即向夏利所在的公司提出索赔要求。

情境问答

亲爱的同学们，请根据自己的初步认知，思考并回答以下问题。

① 英国公司的索赔要求是否合理? 为什么?

答: _____

② 红姐跟夏利解释此合同可免责是否合理？为什么？

答：_____

_____

③ 夏利该如何处理该事件？

答：_____

_____

_____

 理论认知

一、不可抗力的概念以及判定因素

(一)不可抗力的概念

不可抗力(Force Majeure)，是指在货物买卖合同签订以后，不是因为参与订约的任何当事方的过失或疏忽，而是发生了当事各方都不能事先预见、预防，又无法避免的意外事故，以致不能履行或不能如期履行合同。遭受意外事故的一方可以免除履行合同的责任或延期履行合同。不可抗力的产生导致无法履行合同责任或者不完全履行合同责任的行为，不构成违约，可根据实际情况免除其当事人部分或全部的履约责任，对方无权要求赔偿。例如，如果核实卖方因不可抗力的原因导致货物全损，无法履行交货约定，合同被迫终止，作为受损方的买方就没有权利向卖方索赔。所以，不可抗力条款是一项免责条款，又称人力不可抗拒。

(二)不可抗力的判定因素

在贸易中，并非所有的不可预见、无法避免的意外事故都属于不可抗力事件。判定是否为不可抗力所导致的损失，关系到是否免责或是否应该进行法律赔偿。一般来说，构成不可抗力事件须具备以下几个条件。

(1) 事故的发生时间必须为合同签订以后。

(2) 事故为意外发生、偶然发生，不是任何合同当事方故意为之，也不是其过失或疏忽为之。

(3) 事故是合同当事方无法预见、无法避免并且无法控制、预防的。

(4) 事故造成了无法克服的损失，迫使合同当事人不能履行或不能如期履行合同。

◉ **想一想**

甲公司与外商乙公司签订了以 CIF 条件成交的出口合同。准备租船订舱时，甲公司接到乙公司的通知，称近期索马里航线海盗活动猖獗，要求甲公司绕道运货。但由于生产延

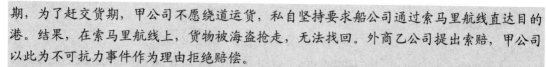

期，为了赶交货期，甲公司不愿绕道运货，私自坚持要求船公司通过索马里航线直达目的港。结果，在索马里航线上，货物被海盗抢走，无法找回。外商乙公司提出索赔，甲公司以此为不可抗力事件作为理由拒绝赔偿。

请问：甲公司拒绝赔偿是否合理？为什么？

二、不可抗力的范围

不可抗力所涉及的范围较广，大致分为三种情形：一是自然因素，二是社会因素，三是政府行为。其中包含具体事件，如表 9.1 所示。

表9.1 不可抗力的范围

不可抗力范围分类	具体事件
自然因素	水灾、冰灾、火灾、风灾、暴风雨、雷电、大雪、地震、海啸、干旱、山崩、森林自燃等
社会因素	骚乱、宗教因素、暴动、罢工、流行病、战争等
政府行为	颁布禁令、禁运、封锁、调整政策制度等

◉ **想一想**

国际市场上商品价格的波动、汇率变化是否属于不可抗力的范围？

三、不可抗力的处理方式

(一)不可抗力的证明

当意外事故发生后，合同当事方要援引为不可抗力事件，申请免责，必须出具有效的证明文件，以作为判定为不可抗力事件的证据。证明文件出具方一般在国际贸易合同中都有规定。在我国，由中国国际贸易促进委员会(CCPIT)或设在口岸的分会出具；在国外，一般由当地的商会或合法的公证机构出具。

(二)不可抗力的通知期限

不可抗力事件发生后，不能履约的一方应及时把事件状况告知受影响的另一方。可以先用邮件、电话、电报等方式告知，并在 15 天内以航空信件形式提供事故报告以及相关证明文件。对方收到通知后应及时做出回应，若有异议也应及时提出。

(三)不可抗力的法律后果

根据不可抗力所造成的实际后果，买卖双方可以免除合同、部分解除合同或者延期履行合同。

◎知识链接

在国际贸易合同中不可抗力条款的规定可以有以下三种方法。

(1) 概括式：If either of the contracting parties be prevented from executing the contract by such events of Force Majeure, the term for the execution of the contract shall be extend for a period equivalent to the effect of such events.

若缔约双方中的任何一方因不可抗力事件阻碍而无法按期履行合同，应当延长合同的履行期限，延长的期限相当于事故所影响的时间。

(2) 列举式：If either of the contracting parties be prevented from executing the contract by such events of Force Majeure as war, flood, fire, the term for the execution of the contract shall be extend for a period equivalent to the effect of such events.

若缔约双方中的任何一方因战争、水灾、火灾等不可抗力事件阻碍而无法按期履行合同，应当延长合同的履行期限，延长的期限相当于事故所影响的时间。

(3) 综合式：If either of the contracting parties be prevented from executing the contract by such events of war, flood ,fire, typhoon and earthquake, the term for the execution of the contract shall be extend for a period equivalent to the effect of such events.

若缔约双方中的任何一方因战争、水灾、火灾、台风和地震事件阻碍而无法按期履行合同，应当延长合同的履行期限，延长的期限相当于事故所影响的时间。

◎想一想

我方进口企业按FOB条件向欧洲某厂商订购一批货物。当我方派船前往西欧指定港口接货时，正值埃及与以色列发生战争，埃及被迫关闭苏伊士运河。我方所派轮船只得绕道南非好望角航行，致使货船延迟到达目的港口。欧洲厂商要求我方赔偿因接货船只迟到而造成的仓租和利息，我方拒绝了对方的要求，因此引起争议。

请问：欧洲厂商要求是否合理？为什么？

第三节　仲裁条款

情境案例

英国 Miracle 贸易公司收到货物 40 天后寄来一件衬衫，此衬衫为刚完结的合同的货品。英国 Miracle 贸易公司声称此衬衫衣领色泽比样品深，明显不符合当初合同中"凭样品买卖"的规定，实物存在明显色差，影响销售。为此，要求夏利公司做出相应赔偿。

夏利跟公司相关部门进行核实，发现所寄来的衬衫与在公司留存样品的颜色相符，并无色差，于是拒绝赔偿。但英国 Miracle 贸易公司坚持自己的立场，坚称成衣与其留存的样品颜色并不符。夏利再次仔细核查合同，发现当初订立合同时规定是"凭样品买卖"，但并没有字样说明是"凭买方样品"还是"凭卖方样品"抑或是"凭对等样品"交货。于是经过双方磋商决定，按照合同约定，提交中国国际贸易促进委员会对外贸易仲裁委员会进行仲裁。夏利准备相关证明资料递交给仲裁庭。

情境问答

亲爱的同学们，请根据自己的初步认知，思考并回答以下问题。

① 夏利所在的公司与英国 Miracle 贸易公司的纠纷点在哪里？

答：_____

_____

② 合同"凭样品买卖"这条条款是否存在歧义？为什么？

答：_____

_____

③ 双方为什么会选择仲裁的方式解决纠纷？如果你来仲裁，怎么裁决？

答：_____

_____

_____

 理论认知

一、争议

国际贸易中往往有突发事件发生，而这些突发事件通常使得合同无法正常履行甚至无法履行，造成合同当事人其中一方受损。受损方与另一方往往因为受损原因责任定位而产生纠纷，引起争议。

所谓争议(Dispute)，是指交易的一方认为对方未能部分或全部履行合同规定的责任与义务而引起的纠纷。引起争议的原因往往有以下三点。

(1) 对国际贸易惯例的理解不同，导致合同无法正常履行。比如，所使用的包装不符合进口国的要求、单证之间不符或者单证与合同不符、装运条款中"立即装运"引起的异议。

(2) 在贸易术语责任承担上双方存在分歧。比如，采用 FOB 术语时，风险转移点在卖方将货物置于指定的船舶上，买方收到货时有破损情况，认为是卖方装船前导致，而卖方则认为是海上运输时造成，这里就产生争议。

(3) 卖方不及时交货，商品、数量、品质没完全履行合同条款，或者买方没按时结清货款等，未履约合同方以不可抗力等缘由不承担责任，从而造成双方的争议。

在国际贸易中争议时常发生，若双方对于责任后果的承担无法达成一致，就会以协商、调解、仲裁，甚至诉讼的形式进行解决。

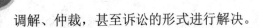

知识链接

① 协商。

协商又称友好协商，是指在发生争议后，由当事人双方直接进行磋商，自行解决纠纷。

② 调解。

调解是指双方协商不成，邀请第三方居间调停。

③ 诉讼。

诉讼是指由司法部门按法律程序来解决双方的贸易争议。

二、仲裁

(一)仲裁的含义

仲裁(Arbitration)，是指买卖双方按照在争议发生之前或之后签订的协议，自愿将争议交给第三方仲裁机构进行裁决，亦称公断。仲裁是解决国际贸易争议的重要方式。

(二)仲裁的特点

1. 与其他形式的区别

解决争议的方法除了仲裁，还有协商、调解以及诉讼。仲裁与三者的异同在于以下三个方面。

(1) 仲裁与协商都是买卖双方对争议自愿达成的解决方式。不同的是协商是由争议双方自行友好磋商解决；而仲裁的参与方除了争议双方，还有第三方，即仲裁机构，由其进行裁决。

(2) 仲裁与调解都有第三方参与。但是调解的结果不具有法律效力，而仲裁的结果具有法律效力。

(3) 仲裁的结果与诉讼的结果都具有强制性。但是诉讼的时期较长，同时诉讼程序较复杂，花费也比仲裁高。

2. 仲裁的特点

仲裁的特点包括：①仲裁是以双方当事人的自愿为前提；②仲裁机构属于民间性质；③仲裁的结果一裁定终局，对双方都有约束力；④仲裁的费用合理；⑤仲裁会为买卖双方进行保密。

想一想

如果败诉方不服仲裁结果，是否可以再次申请重新仲裁？

三、仲裁条款的合同规则

(一)仲裁的地点

仲裁的地点可由双方商议来定，一般可选择在原告方国家、被告方国家或第三方所在国家的仲裁机构进行仲裁。仲裁国家地点不同，适用的法律也不同，选择有利于自己方的法律条款非常重要。我方与外商签订国际贸易合同时，合同中的仲裁条款所涉及的仲裁地点最好选在我国，若商议不成也可协商在第三方国家，实在没办法，最后才选择在外商国家。

想一想

我方公司与外商订立一项进口合同，在合同中明确规定了仲裁条款，约定在合同履行过程中如发生争议，选择在我方国家进行仲裁。后来，双方对商品的数量发生争议，对方国家的仲裁机构向我方公司传票，我方该如何处理？

(二)仲裁的机构

仲裁机构分为临时性机构和常设性机构。临时性仲裁机构具有较大的灵活性，是由交易双方协商把争议的裁决权交给临时成立的仲裁庭而非常设性的仲裁机构。由于是临时组成，当仲裁案件完结，仲裁庭会自动解散。常设性仲裁机构在大多数国家都会设立，其制度健全，组织稳定。我国的常设性仲裁机构为中国国际经济贸易仲裁委员会及其地方仲裁委员会。国际性的常设仲裁机构有瑞典斯德哥尔摩仲裁院、瑞士苏黎世商会仲裁院、英国伦敦国际仲裁院、美国仲裁协会等。

(三)仲裁的效力

仲裁裁决的效力为终局性，对双方都具有约束力，任意一方都无权提出变更裁决结果的要求，也无权对仲裁结果进行法律诉讼。同时，仲裁结果具有法律约束力，败诉方没有按其要求执行，胜诉方可以向法院起诉，请求法院对败诉方强制执行。

想一想

我方与外商签订出口合同，合同中规定，凡起争议，用仲裁的方式解决，仲裁地点定在我国。在履行合同的过程中，双方因商品的质量问题产生争议，于是提交我国仲裁庭进行仲裁。经仲裁庭调查审理，裁决我方胜诉，外商败诉。

请问：外商如不服仲裁结果，可否向其本国法院提出上诉？为什么？

(四)仲裁的费用

仲裁的费用通常由败诉方承担，但也会根据实际情况进行处理。

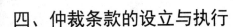

四、仲裁条款的设立与执行

(一)仲裁条款的设立

仲裁条款的设立有两种情况：①争议发生之前在交易合同中订立仲裁条款；②在争议发生之后订立的，它是把已经发生的争议提交仲裁的协议。在国际贸易中买卖双方通常会选择先在交易合同中订立清楚仲裁条款的明细。

(二)仲裁条款的执行

仲裁条款约束交易当事人之间的争议只能以仲裁的方式解决，由仲裁机构取得案件管辖权，负责对争议进行裁决。对裁决结果不满意的一方不得向法院提起诉讼，同时排除法院对案件的管辖权。

◉ 知识链接

合同中常见的仲裁条款模板如下。

All deputes in connection with this contract or the execution thereof shall be settled through friendly consultations. Should no settlement be reached, the case may then be submitted for arbitration to the Foreign Economic and Trade Arbitration Commission of the CCPIT in accordance with the rules and procedures of the said Arbitration Commission.

凡与本合同有关或因执行本合同而发生的一切纠纷，应通过友好协商解决，如果协商不能解决，则可提交中国国际贸易促进委员会对外经济贸易仲裁委员会并根据该会仲裁法则和程序进行仲裁。

 实训项目

1. 根据小组贸易背景选择合适的索赔条款规定方式，并用中英文起草完整的索赔条款。
2. 根据小组贸易背景确定不可抗力事件的范围，并用中英文起草完整的不可抗力条款。
3. 根据小组贸易背景选择仲裁地点及仲裁机构，并用中英文起草完整的仲裁条款。

练 习 题

一、名词解释

不可抗力 索赔 仲裁 争议

二、填空题

1. 违约根据其性质可分为_____、_____和_____。

2. 不可抗力是指在货物买卖合同签订以后，不是因为参与订约的任何当事方的_____，而是发生了当事各方都不能_____、_____，又_____，以致不能履行或不能如期履行合同。

3. 不可抗力所涉及的范围较广，大致分为_____、_____、_____三种情形。

4. _____是解决国际贸易争议的重要方式。

5. 仲裁是指买卖双方按照在争议发生之前或之后签订的协议，_____把它们之间的争议交给_____进行裁决，亦称公断。

三、单项选择题

1. 以仲裁方式解决贸易争议的必要条件是( )。
   A. 双方当事人订有仲裁协议　　　　B. 双方当事人订有合同
   C. 双方当事人无法以协商解决　　　D. 一方因诉讼无果而提出

2. 在国际货物买卖合同中，有作为卖方的 A 公司和作为买方的 B 公司。B 公司在合同签订后将 10 万美元定金先付给 A 公司，后 A 公司没有履行合同。请问 A 公司应该返还 B 公司( )万美元。
   A. 10　　　　　　B. 20　　　　　　C. 5　　　　　　D. 25

3. 短交在多数情况下应该向谁索赔( )。
   A. 保险公司　　　B. 买方　　　　C. 卖方　　　　D. 承运人

4. 我某粮油食品进出口公司与美国田纳西州某公司签订进口美国小麦合同，数量为 100 万公吨。麦收前田纳西州暴雨成灾，到 10 月份卖方应交货时小麦价格上涨。美方未交货。合同订有不可抗力条款，天灾属于该条款的范围，美方据此要求免责。此时，我方应( )。
   A. 不可抗力，予以免责，并解除合同
   B. 未构成不可抗力，坚持美方应按合同规定交货
   C. 构成不可抗力，可以解除合同，但要求损害赔偿
   D. 构成不可抗力，但不要求损害赔偿，亦不解除合同，而要求推迟到下年度交货

5. 仲裁裁决的效力是( )。
   A. 终局的，对争议双方具有约束力
   B. 非终局的，对争议双方不具有约束力
   C. 有时是终局的，有时是非终局的
   D. 一般还需要法院最后判定

6. 发生( )，违约方可援引不可抗力条款要求免责。
   A. 战争　　　　　　　　　　B. 世界市场价格上涨
   C. 生产制作过程中的过失　　D. 货币贬值

7. 在国际货物买卖中，较常采用的不可抗力事故范围的规定方法是( )。
   A. 概括规定　　　B. 不规定　　　C. 具体规定　　　D. 综合规定

8. 不可抗力条款( )。

    A. 只对买方适用   B. 只对卖方适用   C. 对买卖双方均适用

9. 发生不可抗力的法律后果是( )。

    A. 立即解除合同   B. 可以延期履行合同

    C. 解除合同或延期履行合同

10. 当采用仲裁方式解决贸易争端时，( )。

    A. 无须任何文件，只要一方向仲裁机构提出申请即可

    B. 必须在合同内订有仲裁条款或事后订有仲裁协议

    C. 不仅必须在合同中订有仲裁条款，发生争端时还必须双方协商一致

四、多项选择题

1. 在国际贸易中，索赔通常包括的情况有( )。

    A. 买卖双方之间的索赔   B. 向承运人的索赔

    C. 向保险公司的索赔   D. 向银行的索赔

2. 国际货物买卖合同中规定的预防和处理争议的办法通常涉及合同中的( )条款。

    A. 商品检验检疫条款   B. 索赔条款

    C. 仲裁条款   D. 不可抗力条款

3. 在国际货物买卖合同中关于仲裁地点的规定通常有( )。

    A. 在我国仲裁   B. 在被告国仲裁

    C. 在双方同意的第三国仲裁   D. 可以在任何国家仲裁

4. 仲裁协议的作用有( )。

    A. 约束双方当事人只能以仲裁方式解决争议，不得向法院起诉

    B. 排除法院对有关争议案件的管辖权

    C. 仲裁机构取得对争议案件的管辖权

    D. 双方当事人除能以仲裁方式解决争议外还可向法院起诉

5. 在大陆法系的国家中，对不可抗力有所谓( )的规定。

    A. 合同落空   B. 情势变迁   C. 契约失效   D. 合同执行

6. 某出口商按合同规定交了货，并向进口商提交了清洁提单，进口商收到货后发现，因外包装受损而导致包装内商品损坏。请问进口商应向谁索赔( )。

    A. 船公司   B. 保险公司   C. 卖方   D. 买方

7. 罚金条款一般适用于( )。

    A. 卖方延期交货   B. 买方延迟开立信用证

    C. 买方延期接运货物   D. 一般商品买卖

8. 构成不可抗力事件的要件有( )。

    A. 事件发生在合同签订后

    B. 不是由于当事人的故意或过失所造成的

    C. 事件的发生及其造成的后果是当事人无法预见、控制、避免或克服的

D. 不可抗力是免责条款

9. 仲裁的特点主要有(　　)。

　　A. 当事人意思自治

　　B. 非公开审理

　　C. 解决国际商事争议的最主要的方法

　　D. 程序简便、结案较快、费用开支较少

10. 仲裁协议是仲裁机构受理争议案件的必要依据,(　　)。

　　A. 仲裁协议可以在争议发生之前达成

　　B. 仲裁协议可以在争议发生之后达成

　　C. 若仲裁协议事前与事后达成协议内容不同,应以事前达成为准

　　D. 按照我国法律,仲裁协议必须是书面的

11. 我国 C 公司与日本 D 公司签订了一份销售合同,其中仲裁条款规定在被诉人所在国仲裁。在履约过程中发生争议,日方为申诉人,则可以在(　　)进行仲裁。

　　A. 北京　　　　　　B. 深圳　　　　　　C. 东京　　　　　　D. 大阪

12. 在国际贸易中,解决争议的方法主要有(　　)。

　　A. 友好协商　　　　B. 调解　　　　　　C. 仲裁　　　　　　D. 诉讼

13. 在对外索赔与理赔工作中,(　　)是很关键的问题。

　　A. 保护好受损货物　　　　　　　B. 想办法核实对方的财产

　　C. 收集好索赔的依据　　　　　　D. 掌握好索赔的期限

五、判断题

1. 一方违反合同,没有违约一方所能得到的损害赔偿金额最多不超过违约方在订立合同时所能预见到的损失金额。　　　　　　　　　　　　　　　　　　　　(　　)

2. 只要支付了罚金,即可不履行合同。　　　　　　　　　　　　　　　(　　)

3. 在国际贸易中,如一方违约而使另一方受到损害,以致实际上使受损方不能得到根据合同有权得到的东西,即为根本违反合同。　　　　　　　　　　　　　　　(　　)

4. 在国际贸易中,如果交易双方愿将履约中的争议提交仲裁解决,必须在买卖合同中订立仲裁条款,否则仲裁机构不予受理。　　　　　　　　　　　　　　　　　(　　)

5. 根据《联合国国际货物销售合同公约》的规定,买卖双方的一方如根本违反合同,另一方只能索赔,不能宣告合同无效。　　　　　　　　　　　　　　　　　　(　　)

6. 根据我国现行做法,对外订立仲裁条款时应争取在我国仲裁,如对方不同意,也可接受在被告国仲裁。　　　　　　　　　　　　　　　　　　　　　　　　(　　)

7. 合同中的复验期就是合同的索赔期。　　　　　　　　　　　　　　　(　　)

8. 同一个合同中,只要规定了异议和索赔条款,就不能再规定罚金条款。　(　　)

9. 我方与美国商人签约进口某化工产品,在约定交货期前,美商生产上述产品的工厂之一因爆炸被毁,该商援引不可抗力条款要求免除交货责任。对此,我方应予同意。

　　　　　　　　　　　　　　　　　　　　　　　　　　　　　　　　(　　)

10. 双方当事人在争议发生后达成的仲裁协议是无效的。 （　　）

11. 一方对仲裁裁决不服，可向法院提请诉讼，要求重新处理。 （　　）

12. 我国迄今尚未参加联合国《1958 年承认和执行外国仲裁裁决公约》，故我国不受该公约约束。 （　　）

13. 买卖双方为解决争议而提请仲裁时，必须向仲裁机构递交仲裁协议，否则，仲裁机构不予受理。 （　　）

14. 申请国际仲裁双方当事人应有仲裁协议；而向法院起诉，一方可以起诉，无须事先征得对方的同意。 （　　）

15. 在进出口业务中，进口方收到货物后，发现货物与合同不符，在任何时候都可以向供货方索赔。 （　　）

16. 根据《联合国国际货物销售合同公约》的规定，一方当事人违反合同，但并未构成根本性违约，受损害方可宣告合同无效，不可索赔。 （　　）

17. 不可抗力条款是卖方的免责条款。 （　　）

18. 援引不可抗力条款的法律后果是撤销合同或推迟合同的履行。 （　　）

六、案例分析题

1. A 公司将自己拥有的生产某种机电产品的技术专利，在专利有效期和专利保护的区域内，以独占许可的方式将这一技术转让给 B 公司，并签订了相应的合同。在合同有效期内，A 公司又将此技术转让给同一地区范围内的 C 公司，使 C 公司成为 B 公司的竞争对手。为此，B 公司向 C 公司提出抗议。据此案例，如果你是 B 公司的老总，你认为应该怎么做？为什么？

2. 某企业以 CIF 条件出口 1 000 公吨大米，合同规定为一级大米，每公吨 300 美元，共 300 000 美元。卖方交货时，实际交货的品质为二级大米。按订约时的市场价格，二级大米每公吨 250 美元。

请问：(1) 根据《联合国国际货物销售合同公约》的规定，此案中买方可以主张何种权利？

(2) 若买方索赔，其提出的索赔要求可包括哪些损失？

3. 某出口企业以 CIF 纽约条件与美国某公司订立了 200 套家具的出口合同，合同规定 2018 年 12 月交货，11 月底我企业出口商品仓库因雷击发生火灾，致使一半以上的出口家具被烧毁。我企业遂以发生不可抗力为由，要求免除交货责任，美方不同意，坚持要求我方按时交货，我方经多方努力于 2019 年 1 月交货，而美方则以我方延期交货为由提出索赔。

请问：(1) 本案中我方主张何种权利？为什么？

(2) 美方的索赔要求是否合理？为什么？

4. 中国某公司在国外承包一项工程，由于业主修改设计造成部分工程量增加、部分工程量减少的事实，为此，该公司决定向业主索赔，在索赔内容上出现两种意见：第一种认为增加工程量部分应索赔，而减少工程量部分不应索赔，索赔费用仅限于直接费用部分。第二种认为增加和减少工程量都应索赔，索赔费用既应包括直接费用，也应包括间接费用。

请问：你认为哪种意见正确？为什么？

七、实操题

根据以下资料，试着草拟合同中的不可抗力条款。

如果由于战争、水灾、暴风雨、雪灾或其他不可抗力的原因，导致卖方不能全部或部分装运，或者延迟装运合同货物，卖方对于不能装运或延迟装运本合同货物不负责任。但卖方必须用电报或电传的方式通知买方，同时必须在××天以内以航空挂号信件向买方提交由中国国际贸易促进委员会出具的证明书。

第十章　合同的履行

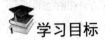

学习目标

- 掌握出口合同的履行事项。
- 掌握进口合同的履行事项。

第一节　出口合同的履行

 情境案例

夏利在北京裕丰进出口贸易有限公司工作满 1 年了。公司组织业务考核，考核的成绩计算到夏利的绩效中，考核的内容为出口合同的履行事项，如果你是夏利，请完成情境问答中的题目。

 情境问答

亲爱的同学们，请根据自己的认知，思考并回答以下问题。

① 请画出出口流程图。

答：

② 请画出信用证业务流程图。

答：

③ 请分别列出 FOB、CFR、CIF、FCA、CPT、CIP 六大贸易术语各自所承担的基本义务。

答：_____

_____

_____

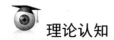 理论认知

一、出口合同的流程

以 CIF 贸易术语成交，以 L/C 为结算方式的出口合同流程如图 10.1 所示。

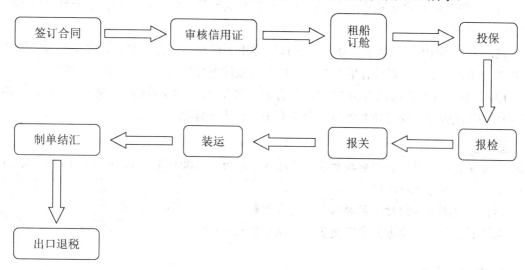

图 10.1　出口合同流程

二、出口合同的履行

(一)签订对外合同

经过磋商，双方正式签订交易合同。《中华人民共和国合同法》第十条规定："当事人订立合同有书面形式、口头形式和其他形式。"国际贸易当事人应该约定采取书面形式订立合同。

签订合同时必须有对价或合法的约因；签订合同的必须为自然人或法人；合同的订立必须出于双方当事人的真实意愿，并且合同的标的内容必须合法。

合同内容包括品名、品质、数量规格、包装、价格、付款方式、运输、保险、检验检疫、争议的解决、合同成立的时间等。合同条款必须清晰明了，避免含糊词语。审核合同无误后，双方当事人须在合同上进行签字盖章。

(二)准备货物

1. 货物的品名

准备的货物实体与其品名都必须与合同要求相一致，以免造成单货不相符，单证不相符，从而导致争议与纠纷的产生。

2. 货物的品质与数量

卖方交货时货物的品质既可以按合同的文字描述交货，也可以按样品交货或者既按文字又按样品交货。不管哪种方式都要严格符合合同条款的要求。

卖方交货时对于货物的数量应再三确认，交货的数量范围应按合同条款严格要求。特别要注意以下三点。

(1) 货物交货时的重量是按净重计算还是按毛重计算，同时卖方制作单证时，也需注意区分毛重与净重。

(2) 注意合同中"溢短装"条款，溢短装适用于矿砂、化肥、粮食、食糖等大宗散装货物的交易，不适用于以件计的货物。交货时的数量不可超出或少于合同规定的百分比。

(3) 注意合同数量前是否加"约"。若有加"约"，按《UCP 600》的规定：允许有不超过10%的增减幅度，即交货数量可以允许有10%的上下浮动。

◉ 想一想

订立买卖合同时，有两个数量条款的选择分别为："600M/T 5% more or less at seller's option"或"About 600M/T"。

请问：这两个条款对于买卖双方有没有区别？

第二种条款下，卖方最多可交多少？最少可交多少？

3. 货物的包装

货物的包装一般分为销售包装和运输包装。运输包装上要注意印刷有合同上规定的运输标志，包括唛头、指示性标志、警告性标志。同时，在国际贸易中，买方也通常会要求卖方把原产地、商品品名、商品重量及尺寸等印刷在外包装上。

在国际贸易中，包装也有需要注意的禁忌。比如，美国严禁稻草类包装进口；日本拒绝竹片类包装入境；澳大利亚、新西兰禁止二手袋包装入境。

(三)结算方式

国际贸易常用的结算方式有三种：汇款、托收、信用证，对于交易双方最有保障的是使用信用证的方式结汇。

信用证的落实必须要注意以下五点。

(1) 作为信用证开立人的进口商必须要在合同规定的时间内开出信用证。

(2) 信用证不可为"可撤销"信用证。买方开立信用证条款时必须与合同内容相一致，包括合同金额、商品数量、最迟装运日等。信用证中还应规定交单截止日，《UCP 600》规定："信用证必须规定一个交单的截止日，规定的兑付或议付的截止日将被视为交单的截止日。"若信用证未规定交单截止日，则按惯例，不得迟于装船日期后的21天内提交相关单据。

(3) 信用证的各当事方，必须严格审证，必须做到单证相符，单单相符。若需改信用证的内容，则要经过三方同意，即开证申请人、开证行、受益人，这样才可以进行信用证的修改。

(4) 一旦信用证正式开出,则独立于贸易合同条款,是不依附于贸易合同的存在而存在的。受益人只有递交给开证行与信用证相符的单据,才可以收回货款。

(5) 一旦单证相符、单单相符,开证行作为信用证的第一性付款人,则应无条件地把规定的货款交付给受益人。信用证业务是纯粹的单据业务,银行处理的是单据而非货物。

(四)安排运输、投保以及报关

1. 办理运输

买卖双方根据贸易合同办理运输,在 CIF 术语成交的合同中,由卖方负责备妥货物,租船订舱,并于信用证规定的装船日内完成装运。当装船完毕后,船公司会给委托方签发正式提单,抑或签发由船长或大副签发的"大副收据",作为货物已装船的临时凭证,可以凭此收据换正式提单。出口方也应及时向进口方发出装船通知,以便进口方做好收货准备。

◉ 知识链接

合同中交货期的英文表述及含义如下。

① During May: 5 月 1—31 日中任何一天装运。

② at or before the end of Jan: 1 月 31 日(含)前装运。

③ on or before July.20: 7 月 20 日(含)前装运。

④ during Fed./Mar.: 2—3 月中任何一天装运。

2. 投保

在 FOB、CFR 贸易术语合同中,由进口方负责投保;在 CIF 贸易术语合同中,由出口方负责投保。保险的种类经双方协商订于合同之中,可按中国的海洋运输货物保险来投保,分别为平安险、水渍险、一切险;也可按英国伦敦保险协会海洋运输保险来投保,分别为 ICC(A)、ICC(B)、ICC(C)。

3. 报关

货物出境以及入境都须进行报关。在 FOB、CFR、CIF 贸易术语合同中,惯例规定是出口方申报出口报关,进口方申报进口报关;而 EXW 贸易术语合同中规定进口方负责进出口报关,DDP 贸易术语合同中则规定出口方负责进出口报关。

出口报关程序可分为五个程序:申报、查验、征税、放行、结关。出口商申报出口报关时采用电子数据报关单。海关查验货物,出口商或其代理人应到现场配合海关查验,并如实回答查验人员的询问及提供必要的资料。海关查验时,以"单单一致,单货一致,单证一致"为基本要求,查验无误后,出口商按要求缴纳税费后,海关出示放行条,出口商即可进行装运,安排货物离港。

(五)结汇和出口退税

货物装运后,出口方按信用证要求缮制单据,并在信用证规定的交单期内,把单据以及相关凭证交给指定银行,办理结汇手续。在国家鼓励出口的大环境下,出口企业可凭出口相关单据申请退还其在国内生产和流通环节实际缴纳的增值税、消费税。

 想一想

> 我方出口货物一批，合同采用以 CIF 贸易术语下的信用证结算方式。货物装运后，我方向船公司支付全额运费，并取得船方签发的已装船清洁提单，但提单上漏打了 "Freight Prepaid" 字样，时值市场价格下跌，开证行根据开证申请人意见，以单据与信用证不符为由拒绝付款。请分析此案。

第二节　进口合同的履行

 情境案例

夏利在北京裕丰进出口贸易有限公司工作满 1 年了。公司组织业务考核，考核的成绩计算到夏利的绩效中，考核的内容为进口合同的履行事项，如果你是夏利，请完成情境问答中的题目。

情境问答

亲爱的同学们，请根据自己的认知，思考并回答以下问题。

① 请画出进口流程图。

答：

② 哪些贸易术语由进口商负责投保，哪些贸易术语由进口商负责出口报关的？

答：＿＿＿＿＿＿＿＿＿＿＿＿＿＿＿＿＿＿＿＿＿＿＿＿＿＿＿＿＿＿＿＿＿

③ 进口商报关时应准备哪些单据提交给海关？

答：＿＿＿＿＿＿＿＿＿＿＿＿＿＿＿＿＿＿＿＿＿＿＿＿＿＿＿＿＿＿＿＿＿

＿＿＿＿＿＿＿＿＿＿＿＿＿＿＿＿＿＿＿＿＿＿＿＿＿＿＿＿＿＿＿＿＿＿＿

 理论认知

一、进口合同的流程

以 FOB 贸易术语成交，以 L/C 为结算方式的进口合同流程如图 10.2 所示。

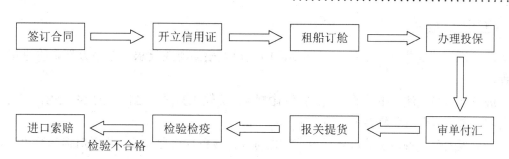

图 10.2　进口合同流程

二、进口合同的履行

(一)信用证的开立

进口方在合同规定的时间内开立信用证，信用证的开立流程主要有以下四项。

(1) 进口方应填写开证申请书向开证银行申请开立信用证。开证申请书的内容包括：受益人名称地址、品名，成交金额与数量，交货期，装运日期，信用证的交单日、到期日等。

(2) 开证时需向开证行递交合同的副本及附件。

(3) 进口方开证时需向银行交纳押金和手续费。

(4) 银行开立信用证。受益人收到信用证后如果提出修改信用证的要求，经开证申请人以及开证行同意后方可办理改证手续。

(二)办理运输

在以 FOB 贸易术语为交易的合同中，进口方负责办理运输。进口方应在合同规定的时间内租船订舱，派船到出口方港口装运货物，并且及时通知出口方所订舱位或者船名。若进口方无法及时办理租船订舱，可与出口方商议，委托出口方协助办理运输。但是如果没按合同时间成功办理租船订舱，导致装运延期，责任后果无须出口方承担，应由进口方自行承担。

(三)投保

以 FOB 或者 CFR 贸易术语为交易的合同，由进口方负责办理保险。进口方向保险公司办理运输保险的方式有两种，一种是逐笔投保方式，另一种是预约保险方式。

(四)审单付汇

在信用证流程中，开证行把出口方根据信用证要求所递交的单据转给进口方，单据有商业单据、货运单据、官方单据、随附单据以及保险单据等。进口方根据"单证一致"和"单单一致"进行审单，需注意审核海运提单这份单据，因为其是物权凭证。若无不符点，即可进行付汇操作；若出现不符点，则可以向开证行提出异议并且拒付。

(五)进口报关

进口报关,是指货物运输工具和物品的代理人根据海关要求,申请办理货物进境的流程。

进口方需特别注意报关的时限,按法律规定,运输工具进境之日起的14天内,应向海关发起申报,否则海关将会征收滞纳金。

进口报关时,进口企业可自行报关,也可委托报关行代理报关。报关时需填写"进口报关单",并提交相关单据进行审查,如发票、提单、装箱单、检验证书等。

海关按三个相符原则来进行查验,即单单相符、单证相符、单货相符。一旦通过,进口企业即可缴纳进口关税及其附加税,交税完毕后,海关做货物放行,结关。

(六)进口检验

国际贸易中的检验检疫可以在出口国检验,或者在进口国检验,也可以先在出口国进行检验,再在进口国进行复检。进口企业可以选择国家承认的检验检疫机构进行复检,一旦检测出货物品质问题,如与合同不相符,即可进行索赔。

◉ 想一想

KK公司以CIF伦敦进口大米500箱,合同为即期信用证付款方式。出口商装船出运后,凭借已装船清洁提单和已投保一切险的保险单等相关单据向开证行议付收妥货款。货到目的港后,KK公司复验,发现以下四种情况。

(1) 该货物中有20箱大米掺入白蜡油,看起来表面抛光,实则食后对人体有害。

(2) 收货人共497箱货,短少3箱。

(3) 有10箱货外表状况良好,但箱内共短少货物40千克。

(4) 有6箱货外包装受损,一部分大米散漏出来。

试分析以上几种情况,KK公司应该分别向谁索赔?并说明理由。

 实训项目

请小组之间相互讨论以下问题。

1. 根据小组贸易背景,重新审核贸易合同,有必要的做出修改。

2. 小组之间讨论以下问题。

(1) 收到信用证后为什么需要仔细审核?审核信用证的依据是什么?

(2) 在信用证业务中,作为开证申请人、受益人分别要注意哪些事项?

(3) 假设你是一家贸易公司的进口业务员,如何降低你们公司的进口总成本?

(4) 进出口投保时可投哪些险种,各险种间有什么区别?

练 习 题

一、名词解释

出口报关 进口索赔

二、填空题

1. 我国的出口合同目前大都采用 EXW、_____、_____或_____贸易术语，又多以_____方式收取货款。

2. 国际贸易常用的结算方式有_____、_____和_____，对于交易双方最有保障的是使用_____的方式结汇。

3. 出口退税主要退还的是在国内生产和流通环节已缴纳的_____和_____。

4. 出口报关程序可分为五个程序：_____、_____、_____、_____、_____。

5. 进口方向保险公司办理运输保险的方式有两种，一种是_____，另一种是_____。

三、单项选择题

1. 在我国的出口业务中，普遍采用(   )作为主要的交易方式。
   A. FOB+信用证 B. CFR+托收 C. CIF+托收 D. CIF+信用证

2. 出口合同的履行中一般不包括(   )的环节。
   A. 备货 B. 开证、改证 C. 报关、装船 D. 制单、结汇

3. 在出口业务中对信用证的审核单位是(   )。
   A. 银行 B. 出口商 C. 出口商和银行 D. 保险公司

4. 卖方可以在(   )情况下催促买方开立信用证。
   A. 买方未按规定时间开证 B. 货价出现变化
   C. 合同刚刚签订 D. 卖方想延迟发货

5. 出口商对信用证的审核不包括(   )。
   A. 受益人 B. 信用证金额 C. 索汇路线 D. 运输单据

6. 出口企业在收到信用证后，应对照合同和(   )对信用证内容进行审核。
   A. 《中华人民共和国合同法》 B. 《跟单信用证统一惯例》
   C. 《2010 通则》 D. 《联合国国际货物销售合同公约》

7. 信用证的修改书应由(   )传递给出口商。
   A. 开证行 B. 开证申请人 C. 任何银行 D. 原通知行

8. 我国进口业务多采用(   )贸易术语。
   A. EXW B. FOB C. CFR D. CIF

9. 如果船货出现脱节现象，可能会产生( )费用。

    A. 保险费   B. 手续费   C. 滞期费   D. 人工费

10. 出口报关时间应是( )。

    A. 备货前   B. 装船前   C. 装船后   D. 货到目的港

11. 进口贸易中，进口关税的计算是以( )贸易术语为基础。

    A. FOB   B. CFR   C. CIF   D. EXW

12. 海关对进口货物凭出入境检验检疫机构填发的( )办理海关通关手续。

    A. 检验证书   B. 原产地证书

    C. 入境货物通关单   D. 进口货物报关单

13. 托运人凭( )向船公司或其代理人换取正式提单。

    A. 托运单   B. 装货单   C. 大副收据   D. 下货纸

14. 我方向国外出口商品 50 公吨，每公吨 300 美元，合同数量可增减 10%，国外开来信用证，金额为 15 000 美元，数量约 50 公吨。我方在交货时，市场价格呈下跌趋势，则我方应交货( )。

    A. 40 公吨   B. 45 公吨   C. 50 公吨   D. 55 公吨

15. 进口企业单据审核时，处于单据中心位置的单据是( )。

    A. 进口报关单   B. 进口许可证   C. 商品检验证书   D. 商业发票

四、多项选择题

1. 按照有无随附单据，汇票可分为( )。

    A. 即期汇票   B. 远期汇票   C. 光票   D. 跟单汇票

2. 汇付的方式可以分为( )。

    A. 汇款   B. 信汇   C. 电汇   D. 票汇

3. 在国际贸易货款的收付中，使用的票据主要有( )。

    A. 汇票   B. 本票   C. 支票   D. 发票

4. 在海上货物保险中，除合同另有约定外，( )原因造成货物损失，保险人不予赔偿。

    A. 交货延迟   B. 被保险人的过失

    C. 市场行情变化   D. 货物自然损耗

5. 我国海上货物保险的基本险种包括( )。

    A. 平安险   B. 战争险   C. 水渍险   D. 一切险

6. 共同海损分摊时，涉及的收益方包括( )。

    A. 货方   B. 船方   C. 运费方   D. 救助方

7. 按提单对货物表面状况有无不良批注，可分为( )。

    A. 清洁提单   B. 不清洁提单   C. 记名提单   D. 不记名提单

8. 海运提单的性质与作用主要是( )。

    A. 它是海运单据的唯一表现形式

B. 它是承运人或其代理人出具的货物收据

C. 它是代表货物所有权的凭证

D. 它是承运人与托运人之间订立的运输契约的证明

9. 国际货物买卖合同中可以采用的装运期的规定方法有( )。

A. 规定在某一天装运
B. 规定在收到信用证后若干天内装运

C. 笼统地规定装运期
D. 明确规定具体的装运期限

10. 广东某公司出口一批服装到 A 国,打算以 CIF 条件对外报价,该公司在考虑运费时应考虑的因素有( )。

A. 运输途中可能遭遇的海上风险

B. 从我国到 A 国的运输距离

C. 从我国到 A 国是否需转船及可能发生的费用

D. 国际航运市场价格变动的趋势

11. 根据《2010 通则》的解释,FOB 条件和 CFR 条件下卖方均应负担( )。

A. 提交商业发票及海运提单

B. 租船订舱并支付运费

C. 货物于装运港越过船舷以前的一切风险

D. 办理出口通关手续

12. 溢短装条款的内容包括( )。

A. 溢短装的百分比
B. 溢短装的选择权

C. 溢短装部分的作价
D. 买方必须收取溢短装的货物

13. 溢短装数量的计价方法包括( )。

A. 按合同价格结算

B. 按装船日的行市计算

C. 按货物到目的地时的世界市场价格计算

D. 由卖方自行决定

14. 在国际贸易中,解决争议的方法主要有( )。

A. 友好协商 B. 调解 C. 仲裁 D. 诉讼

15. 在对外索赔与理赔工作中,( )是很关键的问题。

A. 保护好受损货物
B. 想办法核实对方的财产

C. 收集好索赔的依据
D. 掌握好索赔的期限

E. 明确索赔对象

五、判断题

1. 某外商来电要我方提供大豆,按含油量 18%,含水分 14%,不完全粒 7%,杂质 1% 的规格订立合同。对此,在一般情况下,我方可以接受。 ( )

2. 在出口贸易中,表达品质的方法多种多样,为了明确责任,最好采用既凭样品又凭规格买卖的方法。 ( )

3. 如果合同中没有明确规定按毛重还是按净重计价，根据惯例，应按毛重计价。（　　）

4. 溢短装条款是指在装运数量上可增减一定幅度，该幅度既可由卖方决定，也可由买方决定。（　　）

5. 卖方所交货物如果多于合同规定的数量，按照《联合国国际货物销售合同公约》的规定，买方可以收取也可以拒收全部货物。（　　）

6. 双方签订的贸易合同中，规定成交货物为不需包装的散装货，而卖方在交货时采用麻袋包装，但净重与合同规定完全相符，且不要求另外加收麻袋包装费。货到后，买方索赔，则该索赔不合理。（　　）

7. 包装费用一般包括在货价之内，不另计收。（　　）

8. 某公司以 CFR 贸易术语出口一批货物，由于船只在运输途中搁浅，使部分货物遭受损失，我方可以不理。（　　）

9. 我国从汉堡进口货物，如果按 FOB 条件成交，需由我方派船到汉堡口岸接运货物；如果按 CIF 条件成交，则由出口方洽租船舶将货物运往中国港口。可见，我方按 FOB 进口承担的货物运输风险比按 CIF 进口承担的风险大。（　　）

10. 同一票货物包装不同，其计费标准和等次也不同，如果托运人未按不同包装分别列明毛重和体积，则全票货物均按收费较高者计收运费。（　　）

11. 凡装在同一航次、同一条船上的货物，即使装运时间和装运地点不同，也不作分批装运。（　　）

12. 如果被保险货物运达保险单所载明的目的地，收货人提货后即将货物转运，则保险公司的保险责任在目的地仓库转运时终止。（　　）

13. 海运提单的签发日期应早于保险单的签发日期。（　　）

14. 汇票经背书后，是汇票的收款权利转让给背书人，背书人若日后遭到拒付，可以向前手行使追索权。（　　）

15. 若错过了信用证有效期到银行议付，只要征得开证人的同意，即可要求银行付款。（　　）

16. 凡是出口商品都必须经过商检机构的检验才能出口。（　　）

17. 一方违反合同，没有违约一方所能得到的损失赔偿金额最多不超过违约方在订立合同时所能预见到的损失金额。（　　）

18. 在国际货物买卖合同中，罚金和赔偿损失是一回事。（　　）

19. 信用证可随时修改，发现一处即可要求开证行申请修改一次。（　　）

20. 所有的进出口公司都可以直接向海关办理报关手续。（　　）

六、案例分析题

我某贸易有限公司向国外某客商出口货物一批，合同规定的装运期为 6 月份，D/P 支付方式付款。合同订立后，我方及时装运出口，并收集好一整套结汇单据及开出以买方为付款人的 60 天远期汇票委托银行托收货款。单据寄抵收行后，付款人办理承兑手续时，货物已到达目的港，且行情看好，但付款期限未到。为及时提货销售取得资金周转，买方经代收行同意，向代收行出具信托收据借取货运单据提前提货。不巧，在销售的过程中，因保管不善导致货物被火焚毁，付款人又遇到其他债务关系倒闭，无力付款。

请问：在这种情况下，责任应由谁承担？为什么？

七、实操题

请试着画出进出口贸易流程图。

参 考 文 献

[1] 张燕芳，林卫. 国际贸易实务[M]. 北京：人民邮电出版社，2011.

[2] 戴海珊. 国际贸易实务[M]. 大连：大连理工大学出版社，2016.

[3] 黎孝先. 国际贸易实务[M]. 3 版. 北京：对外经济贸易大学出版社，2000.

[4] 宫焕久，许源. 进出口业务教程[M]. 上海：上海人民出版社，2004.

[5] 梁乃锋. 国际贸易实务[M]. 广州：世界图书出版广东有限公司，2015.

[6] 倪军，严新根. 新编国际贸易实务[M]. 3 版. 北京：电子工业出版社，2015.

[7] 殷宝庆，李万里，连有. 进出口操作实务[M]. 北京：电子工业出版社，2014.

[8] 冼燕华. 新编国际商务英语函电[M]. 3 版. 广州：暨南大学出版社，2017.

[9] 熊正平，黄碧蓉，黄君麟. 报检与报关实务[M]. 2 版. 北京：人民邮电出版社，2015.

[10] 叶德万，陈原. 国际贸易实务案例教程[M]. 广州：华南理工大学出版社，2011.

[11] 孙国忠，杨华. 国际贸易实务[M]. 北京：机械工业出版社，2012.

[12] 李雁玲. 国际贸易理论与实务[M]. 北京：机械工业出版社，2011.

[13] 冯光明，何晓阳. 国际贸易实务[M]. 广州：暨南大学出版社，2009.

[14] 吕红军. 国际货物贸易实务[M]. 北京：中国对外经济贸易出版社，2002.

[15] 俞涔，朱春兰. 外贸单证[M]. 杭州：浙江大学出版社，2004.

[16] 张圣翠. 国际商法[M]. 2 版. 上海：上海财经大学出版社，1997.

[17] 郭建军. 国际贸易实务教程[M]. 北京：科学出版社，2005.

[18] 严云鸿. 国际贸易理论与实务[M]. 北京：清华大学出版社，2004.

[19] 仇荣国. 国际贸易实务[M]. 北京：电子工业出版社，2011.

[20] 周厚才. 国际贸易理论与实务[M]. 北京：中国财政经济出版社，2001.

[21] 国际商会(ICC). 中国国际商会/国际商会中国国家委员会组织翻译[M]. 国际贸易术语解释通则 2010.
北京：中国民主法制出版社，2011.

[22] 张晓辉，陈勇. 国际贸易实务教程[M]. 杭州：浙江大学出版社，2010.

[23] 周桂荣. 国际贸易实务[M]. 厦门：厦门大学出版社，2010.

[24] 吴百福. 进出口贸易实务教程[M]. 3 版. 上海：上海人民出版社，2001.

[25] 严国辉. 国际贸易理论与实务[M]. 2 版. 北京：对外经济贸易大学出版社，2009.

[26] 王虹，耿伟. 外贸英语函电[M]. 北京：清华大学出版社，2013.

[27] 王双平. 国际贸易实务[M]. 上海：立信会计出版社，2008.

[28] 中国国际货运代理协会. 国际货运代理理论与实务[M]. 北京：中国商务出版社，2012.

[29] 海关总署报关员资格考试教材编写委员会. 2013 年版报关员资格全国统一考试教材[M]. 北京：中国
海关出版社，2013.

[30] 中国国际贸易学会商务专业培训考试办公室. 外贸跟单员岗位专业培训考试大纲及复习指南[M]. 北
京：中国商务出版社，2013.